MARTIN HEIDEGGER

GESAMTAUSGABE

IV. ABTEILUNG: HINWEISE UND AUFZEICHNUNGEN

BAND 101

WINKE I UND II
(SCHWARZE HEFTE 1957–1959)

VITTORIO KLOSTERMANN
FRANKFURT AM MAIN

MARTIN HEIDEGGER

WINKE I UND II
(SCHWARZE HEFTE 1957–1959)

VITTORIO KLOSTERMANN
FRANKFURT AM MAIN

Winke I und II
herausgegeben von Peter Trawny

© Vittorio Klostermann GmbH · Frankfurt am Main · 2020
Alle Rechte vorbehalten, insbesondere die des Nachdrucks und der Übersetzung.
Ohne Genehmigung des Verlages ist es nicht gestattet, dieses Werk oder Teile
in einem photomechanischen oder sonstigen Reproduktionsverfahren oder
unter Verwendung elektronischer Systeme zu verarbeiten, zu vervielfältigen
und zu verbreiten.
Satz: mittelstadt 21, Vogtsburg-Burkheim
Druck und Bindung: Hubert & Co., Göttingen
Gedruckt auf EOS Werkdruck von Salzer,
alterungsbeständig ♾ ISO 9706 und PEFC-zertifiziert. Printed in Germany
ISBN 978-3-465-01720-2 kt · ISBN 978-3-465-01734-9 Ln

INHALT

WINKE I 1

WINKE II 97

BEILAGEN 183

Nachwort des Herausgebers 215

[WINKE I]

1 u.   50 u.
                       65

Der Erde Sanftestes
   verwindet der Erde Starrstes.
        Lao-tse n. 43[1]

[*Das Sanfte*: Was in der eigenen Ruhe das Heile birgt und darum das Nachgebende zu seyn vermag gegen alles im Ruhelosen Erstarrte.]

Nur die um-geben,
vermögen das hohe
Nachgeben.

                                                 S. 138

---

[1] [Vgl. Laotse: Tao Te King. Das Buch vom Sinn und Leben. Übersetzt von Richard Wilhelm. Eugen Diederichs Verlag: Düsseldorf und Köln 1957, S. 86. Bei Wilhelm heißt es allerdings: »Das Allerweicheste auf Erden überholt das Allerhärteste auf Erden.«]

a

Herbst 1957   Bleibe im Ereignis

        Nur als die Stille schwingt Geläut
        der Erde in die Einfalt der Sage.
        vgl. 23

Winke
I

»Die Gestalt der Himmlischen ist es.«[2]
»Das Silbermondgeläute«[3]

Καλὸν ἡσυχία
ἐπισφαλὲς προπέτεια[4]

---

[2] [Friedrich Hölderlin: Friedensfeier. Hrsg. u. erl. von Friedrich Beissner. Biblioteca Bodmeriana. W. Kohlhammer Verlag: Stuttgart 1954, S. 12.]
[3] [Titel eines Aquarells von Paul Klee aus dem Jahr 1922.]
[4] [Vgl. Die Fragmente der Vorsokratiker. Hrsg. von Hermann Diels. Bd. 2. Weidmannsche Buchhandlung: Berlin 2/1922, 73a, Periander 2 u. 3. Übersetzung: »Ruhe ist schön.«; »Unbesonnenheit ist gefährlich.«]

b

Sphaera infinita, cuius centrum
ubique, circumferentia nusquam est.
      Hermetischer Spruch.[5]

ἀλλ' ἔα με καὶ τὴν ἐξ ἐμοῦ δυσβουλίαν
    Antigone, 95 Sophokles[6]
»Doch laß' mich und die mir
entströmende unheimliche
Zu-Reichung.«

οὔτοι συνέχθειν, ἀλλὰ συμφιλεῖν ἔφυν
    Sophokles, Antigone, 523[7]
»Oh nein! zum Hassen nicht, zur ~~Liebe~~ ganz
    erblüht bin ich.«

---

[5] [Liber XXIV philosophorum. In: Clemens Baeumker: Studien und Charakteristiken zur Geschichte der Philosophie insbesondere des Mittelalters. Gesammelte Vorträge und Aufsätze. Hrsg. von Martin Grabmann. Aschendorff: Münster: 1927, S. 194–214. Bei dem zitierten »Spruch« handelt es sich um die zweite Definition: »[Gott ist die] unendliche Kugel, deren Mittelpunkt überall und deren Umfang nirgend ist.« (Übers. Kurt Flasch)]

[6] [Sophoclis fabulae. Recognovit brevique adnotatione critica instruxit A. C. Pearson. Impressio Altera. Nonnullis locis correctior. Oxonii 1924.]

[7] [Ebd.]

Die innig brauchende, still enteignende Zumutung im Ereignis 1
ist die Anmut.

Der Bergbach singt die Stille zu den Sternen.

Erst das Gehören erbringt ein Hören. (80)
  Im Hören entsprechen wir dem Rufen.
  Der Ruf ereignet den Blick.
  Unser Auge sieht erst eigentlich, wenn es schon dem Hören
geeignet ist.
  Das hörende Erblicken erwacht erst zur Nähe des Scheinens
der Gestalt.

Andenken währt aus der Fülle der Anmut.
  Gedanken empfangen, nämlich das in ihnen zu Denkende,
heißt schon: sie befruchten.

Nur als Verehrende werden wir wahrhaft den großen Rührungen
offen bleiben.

Das Währende ist der Anfang. Anfang ist Ereignis. 2
  Das Vermögen, in den Anfang zu gehören.
  Der An-fang als das Wesende der Zu-Kunft.
  Der An-fang in die Nähe.
  Die Nähe als die Einfalt des Zeit-Spiel-Raumes.
  Anfänglich: in den An-fang gehörend.
  Anfängliches Denken: im An-fang die Sage des Ereignisses hö-
rend – sie *entsagen*. (vgl. 26)

Inwiefern verfällt alles sterbliche Sagen alsbald dem Anschein der
bloßen Aussage, so daß diese das lähmende Gepräge für jegliches
Sagen übernimmt?

Das *Verfallen* – läßt nicht nur an das Vorhandene und Anwesende
fallen – Verfallen ist nichts Negatives.

Vom Ereignis her gedacht geht das Verfallen in das Uneigentliche – ist Er-gebnis der Uneigentlichkeit. Aber die anfängliche Bestimmung von Eigentlichkeit und Uneigentlichkeit betrifft nicht nur das Dasein (Sein und Zeit)[8] und nicht nur das Seinsverständnis. Aus dem Ereignis gedacht nennt die Unterscheidung das Geschick des Austrags. Das Un- und die Vergessenheit.
Vergessenheit als Uneigentlichkeit des Ereignisses.

3   In der höchsten Freiheit nur erblüht das Schöne.

Denke »das Ergebnis« zurück in das »Es gibt« als die Bestimmung des Ereignisses. Ergebnis nicht mehr als Erfolg eines wirkenden Grundes, nicht Resultat einer Leistung. Ergebnis als Erbringnis im Her-vor-bringen, dies an-fänglich als Ereignen des Ereignisses gedacht.
Die bezaubernd-fruchtbaren Verlegenheiten, in die uns die Sprache bringt, wenn wir ihr denkend-dichtend zuhören. So Ergebnis und Ereignis das Selbe.

Die *Sprache* als Sprachfähigkeit des Menschen vorgestellt.
Die *Sprache* als Form der Vorgestelltheit – Ausdruck von etwas in etwas – in allen Bereichen des Vorstellens.
Die *Sprache* als Vermögen des sterblichen Sagens, welches Vermögen ereignet ist als gebrauchtes im Brauch des Ereignisses, das selber der Bereich der Sage ist.
Die Sprache als der irdisch-himmlische Gebrauch der Sage, d. h. der Einfalt des Bereiches, in die Enteignis zum Ratsal der Fuge. Die Sprache als Sage die Versammlung des Gevierts in die Einfalt des Ratsals.

4   *Gestell und Gestalt* – als Worte des anfänglichen Denkens gedacht. Beide Worte sind als Wörter verwandt aus dem Selben.

---

[8] [Vgl. z. B. Martin Heidegger: Sein und Zeit. GA 2. Hrsg. von Friedrich-Wilhelm von Herrmann. Frankfurt am Main 1977, S. 57, 71.]

Ge-Stell:
in einem: die ausschließliche Versammlung des be-trachenden Stellens, d.h. der Herausforderung in die Beständigkeit des Bestandes. Dies Stellen der Wille, der sich selbst will und nur dies: der Wille zum Willen; der äußerste Entzug des ~~Seyns~~. »Wille« als Name des seinsgeschicklich sich bekundenden, d.h. sich entziehenden ~~Seyns~~ dürfen wir nicht aus der Spontaneität des menschlichen »Wollens« vorstellen. Der Wille ist aus dem »Stellen«, Sich-Darstellen, Vorliegenlassen her zu denken unter Beachtung des sich steigernden Entzugs, so daß dieser »Wille« in den Anschein der Gleichheit mit menschlichem Wollen gelangt im Sinne einer anthropomorphen Übertragung. (vgl. die Vorlesung SS 1936 über Schelling)[9]

zum anderen: der sich als solcher entziehende Vorschein des Ereignisses, insofern dieses alles Seiende angeht (Geviert), vorwiegend aber, gemäß dem Vorrang des Subjekts innerhalb der Subjektivität, der verhüllte Vorschein des Brauches ist in der Weise des Stellens, Herausforderns und Einrichtens des Menschen zum Vollzug der Beständigung im Sinne der Information.

Im einen und anderen ist das Ge-Stell als der äußerste Entzug zugleich das fernste verhüllte Ereignen.

Gestalt: ahd. ungistalt, unschön, ermangelnd des entzückenden Scheines; heute noch im Alemannischen gebraucht: »verstaltet« – von einem kleinen Mädchen durch eine ungemäße Frisur; entstellt, so daß sich das Aussehen in seinem unverborgenen Scheinen nicht darstellen kann.

Gestalt ist seit dem 13. Jahrhundert bekannt in der »Bedeutung« von Aussehen, Beschaffenheit – qualitas, quidditas, species, εἶδος, ἰδέα.

---

[9] [Martin Heidegger: Schelling: Vom Wesen der menschlichen Freiheit (1809). GA 42. Hrsg. von Ingrid Schüßler: Frankfurt am Main 1988.]

6   In einem: *Gestalt* von An-wesen her, denn *so* ist das εἶδος zu denken; das Maßgebende der Gestalt ist demnach nicht die Form im Sinne der Prägung innerhalb eines Machens; die μορφή von εἶδος her zu denken, wie auch die forma im Unterschied zur materia; aber zurückverlegt in die griechische ποίησις, die noch nicht durch die Dazwischenkunft der creatio und die operatio des facere und efficere verunstaltet ist.

Zum anderen: die Versammlung des Sich Dar-stellens, der Anklang des ereignishaften Einblicks das Erbringen als das ereignete Sichdarbringen, das ereignismäßige »Wesen« zumal der Δαίμονες.

Gestell und Gestalt: in beiden je das Zusammengehören von Vergessenheit des Austrags und Vorspiel des Ereignisses. Aber dieses je Selbe selber das Selbe der Fülle des Ereignisses als der Enteignis in das Ratsal.
   Gestell und Gestalt: d. h. Sein und Zeit.

7   *Die Anthropomorphie und der Brauch* −
Goethe schreibt (Sprüche in Prosa):
»Der Mensch begreift niemals, wie anthropomorphisch er ist.«[10]
Der Satz bedarf eines Nachsatzes, der lautet: − solange »der Mensch« sich als Subjekt be-greift; solange stellt er alles Nicht-Menschliche als Objekt und Gegenstand vor und findet sich nie dort, wo er angesprochen ist von einem Anspruch, dessen Be-anspruchung dem Menschen die Möglichkeit, sich (nämlich als Subjekt) zum Maß von allem (und dieses aus der Logik der μορφή, der Gestalt im Sinne des Gepräges) zu machen, entzieht.
   Wie lange die Vorstellung vom Menschen als Subjekt noch (in vielerlei Abwandlungen und Verkleidungen) in der Herrschaft bleibt, wissen wir nicht; noch weniger wissen wir, welche Zeit es

---

[10] [Johann Wolfgang von Goethe: Maximen und Reflexionen. In: Ders.: Poetische Werke. Vollständige Ausgabe. Zweiter Band. J. G. Cotta'sche Buchhandlung Nachfolger: Stuttgart 1950, S. 677.]

braucht, bis der Mensch zu denken wagt, daß jene Bestimmung seines Wesens als Subjekt eine geschickliche ist, daß dieses Geschick ein Zeichen dessen ist, was das Vorstellen unter dem Namen »*Sein* des Seienden« kennt.

Dem Geschick aber entspricht der Mensch nur schicklich, nämlich dadurch, daß er sich in das Wesende gerade der Entsprechung schickt, sich darin eingelassen findet, welche Entsprechung die von jener Be-anspruchung gebrauchte Antwort ist. Aber nicht eine Antwort, die der Mensch als Subjekt gibt, sondern jenes Antworten, das er im Verlassen der Subjektivität erst *wird*.

»Anthropomorphisch« ist der Mensch, insofern er alles, was ist, im Gesichtskreis derjenigen Vorstellungen be-greift (angreift und ergreift), die er, der Mensch, bezüglich seiner selbst als des »Subjekts« hat: z. B. die Bewegungsvorgänge in der physikalisch vorgestellten Natur als Druck und Stoß nach der Empfindung des erlittenen Drucks und ausgeübten Stoßens.

Die klassische Fassung der in der neuzeitlichen Metaphysik unumgänglichen Anthropomorphie bei Nietzsche, Wille zur Macht, II. Buch, Vorspruch [vgl. Vorlesung WS 44/45].[11]

In der metaphysisch verstandenen Anthropomorphie verbirgt sich ein ganz anderer Sachverhalt: das Sein des Seienden ist weder menschengestaltig, d. h. subjektartig, noch ist der Mensch ein unbeteiligtes Gefäß, in das überall das Sein nur einfließt, als Sein an sich gleichsam — sondern:

der Mensch ist als der Sterbliche aus dem Ereignis in die Enteignis zum Verhältnis gebraucht. Das »Sein« ist, wenn es hier noch genannt werden darf, weder an sich, noch menschengestaltig — vielmehr *gehören* das Wesende des Seins und des Menschen und ihres Bezuges in das Ereignis. — Es gibt keinen Bezirk mehr, innerhalb dessen eine Unterscheidung von Sein und Mensch aufgestellt

---

[11] [Martin Heidegger: 1. Nietzsches Metaphysik. 2. Einleitung in die Philosophie. Denken und Dichten. GA 50. Hrsg. von Petra Jaeger. Frankfurt am Main 1990, S. 40 und 110.]

und vorgestellt werden könnte, aus der sich die Anthropomorphie ergäbe. (zu Nietzsches Anthropomorphie vgl. Wille zur Macht n. 614, 1024, 1045, 1059.)[12]

Wenn das Gehören von Sein und Mensch, nicht nur beider, sondern ihres Bezuges, in das Ereignis anfänglich gedacht wird, verschwindet die Unterscheidung samt den Unterschiedenen, auch wenn unser Vorstellen immer noch versucht bleibt, von dieser Unterscheidung den Ausgang zu nehmen und zu erklären: das Sein ist menschengestaltig und der Mensch seinsgestaltig. Woher die Gestalt?

Wird sie aus dem Ereignis gedacht (vgl. ob. S. 4), dann verliert die vorige Aussage ihren Sinn. Aber kann die Unterscheidung destruktionsmäßig gedacht als Weisung in das Ereignis dienen?

Auch dies nur mit Vorbehalten.

Wie kann das Denken in den Aufenthalt gewiesen werden, der sich als Aufenthalt im An-fang lichtet?

Ist nicht die Erfahrung des zwiegesichtigen Wesens des Ge-Stells (Wille zur Macht *und* Vorschein, sich entziehender, des Ereignisses) eine solche Weisung? (vgl. ob. S. 4).

Das Ge-Stell verstellt (verbirgt in seiner Weise) ereignishaft das Ereignis, das als sich entziehendes in seinem Vorschein als Ge-stell währt.

Denken wir *Un-gestalt* nicht negativ, sondern privativ und zwar ereignishaft entzugsmäßig, dann ist das im Gestell währende *Stellen* des Menschen in die Beständigung der Bestandsicherung die äußerste Ungestalt des Brauches, aber zugleich sein rein bedrängendes erstes Scheinen, als solches verhüllt. Die erste, früheste Wahrnis des Ereignisses ist die Vergessenheit des Ereignisses.

---

[12] [Friedrich Nietzsche: Ecce homo. Der Wille zur Macht. Erstes und zweites Buch. Werke. Bd. XV. Kröner Verlag: Leipzig 1911 sowie Friedrich Nietzsche: Der Wille zur Macht. Drittes und Viertes Buch. Werke. Bd. XVI. Kröner Verlag: Leipzig 1911.]

Das *Vor*-An-fängliche des Seins-Geschickes – ist der uns zugängliche und historisch bekannte Beginn der abendländischen Geschichte.

Das Anfängliche ist nicht das Erste, nicht das geschichtlich-historische Frühe. Das Anfängliche erscheint erst in der Vollendung der Geschichte,* erscheint verhüllt in der Zwiegesichtigkeit des Gestelles. *) 24.

Das Wesen der Sprache: die Sprache des Wesens[13]
           die Sage des Ereignisses
           das Geläut der Stille
           der Gesang der Erde
           die Einfalt des Ver-Hältnisses
           die Befremdung [vgl. jetzt 37] im Schmerz
Der Himmel ist irdisch
  Die Erde ist himmlisch

Das Läuten – die stillende Rührung des Himmels zur Erde, der Erde in den Himmel.

―――

Das noch nicht hinreichend bedachte Mehrdeutige in der Seinsvergessenheit. Die Kehre als solche der Vergessenheit. Die Vergessenheit und das Ereignis.

Begegnung – über den jetzt häufigen Verbrauch des Wortes hinweg gehört, sagt es: einander beschenken mit der Gegend, in die je das eigene Wesen gehört.
  Be-gegnen: einander das Vermächtnis hoher Weisungen ins Einfache überlassen.

---

[13] [Vgl. Martin Heidegger: Das Wesen der Sprache. In: Ders.: Unterwegs zur Sprache. GA 12. Hrsg. von Friedrich-Wilhelm von Herrmann. Frankfurt am Main 2/2018, S. 166.]

Legen wir doch wieder das vernutzte Wort Begegnung in das Seltsame des Seltenen zurück.
Be-gegnen ist An-fang und Ereignis als: Liebe; ganz anders wieder als: Freundschaft.

Im August dieses Jahres waren fünfzig Jahre verflossen, seitdem ich zum erstenmal auf die Seinsfrage stieß als Obersekundaner durch die Schrift von Franz Brentano »Von der mannigfachen Bedeutung des Seienden nach Aristoteles«. 1862[14]

Der Mensch denkt, insofern er der Entsagende ist, entsagend die Sage.

Ist ein großer Augenblick der Anmut unwiederbringlich, weil er die Fülle bringt,
oder
bringt er die Fülle, weil er unwiederbringlich ist?
Was heißt hier bringen? Im Ereignis aus der Enteignis kommen lassen. Dies ist jedes Mal einzig. Wodurch bestimmt sich die Einzigkeit? Die Vielfalt des Unwiederbringlichen.

Die Vergessenheit der Vereignung und der bloße Anschein der bloßen Entfremdung.
Die Entfremdung – gehört, metaphysisch vorgestellt, in den Bezirk der Subjektivität.

Das Seltsame wesender Worte gut verwahren, um sie in die Fülle des Ereignisses zu verschwenden; z. B. »Her-vor-bringen«.
Der »Genitiv« – als gegenständlicher von Anwesen her gemeinter und ereignishafter; die Genesis ist dabei jeweils unvergleichbar anders.

---

[14] [Franz Brentano: Von der mannigfachen Bedeutung des Seienden nach Aristoteles. Herder Verlag: Freiburg 1862.]

Aus der Sprache denken — schön; aber dazu bedarf es nun einmal des *Denkens*; auch dann und dann um so entschiedener, wenn die Sprache schon in gewisser Weise für uns gedacht hat.*

Was meint hier Denken? Denkt nicht alles echte Denken aus der Sprache. Was heißt »echt« Denken — an-fänglich versucht — ist das Ent-sagen (vgl. die früheren Aufzeichnungen). Hörend-erblickend die Wahrnis des Ereignisses ent-sagt es die Sage aus dem Ver-hältnis in die an-fängliche Sprache. Erst und nur das Entsagen kann vermuten, was in der Sprache der Sage des Ereignisses spricht, um dann »aus« der denkend vernommenen Sprache zu »denken«.

»Aus der Sprache denken« heißt jedoch nicht: lexikalisch Wortbedeutungen, landläufige oder abgelegene und ungebräuchlich gewordene, ohne Hinblick auf das Zu-Denkende aufgreifen und das [sic] solche Zergliederungen von Wortbedeutungen für die Sache selbst ausgeben.

Es gibt im anfänglichen Denken keine Methoden und Techniken; sondern nur *Wege*.

Wege — ergibt die Bewegung als Ereignis.

*) Dies *ihr* Gedachtes erst an-denken —

Entsprechen — Entsagen. Vgl. Früheres.

Entsprechen — ὁμολογεῖν — sich anmessend, übereinstimmen mit... kennzeichnet das Denken der Philosophie, sobald es im Gesichtsfeld des Schrittes zurück erblickt, aber gleichwohl noch im Seinen gelassen ist. Sprache bleibt noch Sprache.

Im Unterschied zum Entsprechen ist das Ent-sagen auf die Sage der Sprache, die Sprache als Sage bezogen, genauer: die Sage ist der brauchende Bezug, der das sterbliche Sagen vereignet dem Ereignis. Das Ent-sagen ist *Zu*sagen: der Sage. —

Im *Ent*sagen als *Zu*sagen kommt das enteignend-vereignende Spiel des Brauches zum Vorschein.

Auslegung —
1. Auslegen: einen Text in seiner Textur vorliegenlassen, nämlich in Diensten des geläufigen Verstehens; verständlich machen.

2. Auslegen: Versammeln in das Hinaus der Enteignis im Ereignis; vor das Unverständliche als das Anstößige bringen und in die Absage an den bloßen Verstand.

16 Eine nicht veröffentlichte Vorbemerkung zur Vorlesung »Der Satz vom Grund«[15] 1955/56 lautet:
Die Vorlesung
»Der Satz vom Grund«
ist
ein Versuch,
~~Sein~~ in das Ereignis zu erörtern.
Die Erörterung baut
am Weg durch die Ortschaft
des Ver-Hältnisses
[Fge]
~~Seyn~~ wird erblickbar,
sobald die Tonart des
Satzes wechselt:
Gründen als Zug des »Seins«
d. h. Vorliegen lassen gedacht als
Vorschein des sich entziehenden Ereignens.

———

Woher aber und wie der Wechsel der Tonart?
 Ist der Wechsel ein Übergang von einem zum andern?
 Oder gibt es hier nur An-fang, dem wir schon vereignet sind?
Das Erblicken solcher Vereignung.

17 *Denken*: das entsagende Erwinken des Erwachens des Ereignisses auf der ereignishaft gehüteten *Erde*.

Philosophie – (im Sinne Hegels) die rechenschaftliche *Wiederherstellung* der Macht lebendiger Vereinigung im Bezirk der vorstellenden Gegenständigkeit.

---

[15] [Vgl. Martin Heidegger: Der Satz vom Grund. GA 10. Hrsg. von Petra Jaeger. Frankfurt am Main 1997, S. 191.]

Philosophie – das Nachträgliche, Reparierende.
Denken – das vorbereitend Anfängliche.
Die Philosophie will die vollendete alles sagende *Aus*-sage.
Das Denken wird je und je ent-sagender – vorläufiger –

»schonen« – reimt sich zwar auf »wohnen«, aber es bleibt ein ungemäßes Wort für das zu Sagende: blühenlassen das Rosenwunder des wahrhaft wohnenden Menschenwesens.

```
   X     X    Das schwebende Schwingen
  / — \             im
   X     X    schwingenden Schweben.
```
Schweben und Schwingen als tragendes Bringen. Vgl. 20, 30.

Sache: mit jemandem eine Sache haben (Luther): sich im Streit befinden; aber Streit (strid) anfänglich nicht »Kampf« bedeutend, sondern Bedrängnis im Sinne von Schmerz. Die Sache selbst – des Denkens ist der Schmerz – des Ereignisses.

Thema – θῆμα bedeutet im Griechischen das, wohin etwas niedergelegt wird, gleichbedeutend mit τάφος, das Grab. Heute besagt »Thema« das, was die Untersuchung durch ihre Methode sich vor-setzt, zu sich bestellt und in ihr be-trachtendes Vorgehen einbestellt und darin unterstellt, so daß es hier allein seinen Stand hat, nämlich als Bestand der Bestellbarkeit für das Bestellen.

—

Woher der fast unaufhaltbare Fortriß in das bloß Neue des Neuesten? Woher die Verblendung gegen den An-fang, gegen das noch nicht An-geeignete des Ereigneten –, was alles – dieses An-eignen nichts gemein hat mit dem Wiederher-stellen von Vergangenem. Wie wohl geschieden müssen hier die »Sprachen« sein, um das Eigentliche zu sagen.

19 Zeichen winkt ....   ‹I.
    Ur-Kunde bringt ....
    Geläut ent-klingt
        der Stille:
    Schmerz versinkt ....   – V.
    Sehnsucht trinkt ....   – G.
    Alles singt.   – E.
                            – E.
                    ———

Die Sprache[16]

20 Das *Geviert* ruft eine geometrische Vorstellung wach und zugleich die Zahl »vier«. Doch von all dem müssen wir das Mathematische im Sinne des Rechnerischen fernhalten und μάθημα höchstens von μάθος her – dem Er-fahren – denken – Erfahren als das Unterwegs auf den Wegen der Be-Wegung, die sich in der Rührung ereignet. –
   Die Rührung als die an-fangende Be-Wegung.
   Das Geviert stellt sonach nicht das gleichförmig vorgestellte Schema einer Zuordnung von Vieren dar. Gleichwenig dürfen wir an die architektonische Vorstellung denken, wenn von der Vierung die Rede ist. Und die Zahl? Zahl ist λόγος – in dieser Versammlung – die bloß rechnende ergibt die Versammlung als Summe; unterscheiden wir gegen diese die Ganzheit, dann bleiben wir immer noch weit entfernt vom Versammelnden als dem Ereignis des Ver-Hältnisses. Darum »ist« jedes der Vier auf seine Weise die Einfalt des Ver-Hältnisses –; »ist«, d. h. ergibt und bringt und enteignet. –
   »Der Spiegel« erreicht nicht das Bringende – Reichende im Ver-Hältnis-Spiel der Einfalt der $\mathcal{N}$.[17]

---

[16] [Es folgen sieben stark durchgestrichene Zeilen.]
[17] [Unbekanntes Zeichen.]

Die Sprache

Oh Mutter uns und
Sage!
stille und trage
— du lassendes Weben
der *Einen* Gebärde —
ins bringende Beben:
die singende Erde —

[26, 29

———

Wie im leisen, scheuenden Fortheben der ruhenden Hand _ _ _ _
wird das Denken unversehens immer einfacher in das Geheimnis des An-Fanges geleitet, daß es ent-sagend vermute die Anmut der Erde, die den Ab-Grund trägt des Gevierts.
  Was sagt hier: den Ab-Grund tragen? 29.
  Der Ab-Grund: das Ereignis
  Tragen: Ver-halten.

Ver-sammlung (an-fangende) verhüllt scheinend im »Lesen« als Λόγος, währt nur, insofern er-eignet im Ver-Haltenden des Ver-Hältnisses.

Das *Läuten* — als Ereignis des reinen Lautens — des Hörbaren der Anmut — gehört dem bringenden Beben der Erde. — Sie läutet anfänglich — birgt und gibt Ge-läut. Uns erscheint es dinglich an der Glocke — aber diese »ist« nur als Ding, weil — *irdisch*.
  Das Läuten und die Einfalt der Sage.
  Das Läuten als Rufen, Versammeln, Ereignen, Feiern, Zeichen geben —
  das reine Läuten im Ereignis.
  Inwiefern die Stille, *stillend*, läutet — 31.

Das Geläut — die aus dem Ver-Hältnis in sich gesammelte Ereignung der lautenden Erde als der Sage. —

Läuten: rufen den Himmel. –
Erläuten den Einklang der Einfalt des Gevierts.

23 Währen und Weilen –: *Verbringen* den Aufenthalt und den Zeit-Spiel-Raum.
Verbringen – als geeignet in die Erbringnis, die der Brauch aus das [sic] Ereignis ergibt. Verbringen: das im Brauch zu-geeignet hüten und pflegen ins Erblühen des steten Un-Gewöhnlichen. Wohnen als *dieses* Verbringen.
Verbringen ist in sich stets Ent-gegenbringen dessen, was aus dem Es gibt – empfangen.
Verbringen ist Danken –

Das Geviert (20). Stellt man es rechnerisch vor, dann gerät man zunächst in die Frage: weshalb denn gerade diese Vier? Ist die Zahl die Summe einer aufsammelnden Zusammenstellung? Was gibt für diese die leitende Hinsicht. – Sind die Vier »empirisch« aufgerafft und zufällig festgestellt oder ist die Empirie hier Erfahrung als das Unterwegs in der Gegend – des Ver-Hältnisses. –
Wie aber die Gegend? Welchem Umblick zeigt sie sich. Lauter Fragen, die von Außen kommen – vom Außen des metaphysischen Vorstellens. (vgl. 32)

24 *Geschichte* (vgl. ob. 11) – als Abfolge öffentlich bekannter Begebenheiten, Zustände und Leistungen – was Dilthey »Wirkungszusammenhang«[18] nannte; und
Geschichte als Geschick des Seins, das selbst als der Austrag im Ereignis sich ergeben hat und der ereignishaften Vergessenheit zurückgegeben wird. Dann gibt es weder Geschichte noch das Ungeschichtliche – sondern Anderes, was sich im Vorbeigang ankün-

---

[18] [Wilhelm Dilthey: Der Aufbau der geschichtlichen Welt in den Geisteswissenschaften. Gesammelte Schriften. Bd. VII. B. G. Teubner: Stuttgart 1927, z. B. S. 153, 158, 172.]

Winke I

digt, aber durch diese Bestimmung noch nicht gemäß erfahren wird.

Wie man sich Geschichte vorstellt und was, dem Ereignis gehörend, in ihm lang verwahrt bleiben muß, mag der folgende Fall beleuchten.

Am 2. April 1805, wenige Wochen vor seinem Tod, schreibt *Schiller* an Wilhelm von Humboldt folgendes:

»Um die poetische Production in Deutschland sieht es aber höchst kläglich aus, und man sieht wirklich nicht, wo eine Litteratur für die nächsten 30 Jahre herkommen soll. Auch nicht ein einziges neues Product der Poesie weiß ich Ihnen seit langer Zeit zu nennen, was einen Nahmen an die Spitze trüge, und was einem Freude machte. Dagegen regt sich die eselhafte Nachahmungssucht der Deutschen mehr | als jemals, eine Nachahmung, die in einem Wiederbringen und Verschlechtern des Urbildes besteht. Solcher Nachahmungen hat auch meinen Wallenstein und meine Braut von Meßina vielfach hervorgebracht, aber man ist auch nicht um einen Schritt weiter gefördert.«[19]

Um die selbe Zeit sind *Hölderlins* Hymnen und Elegien und Entwürfe zu solchen niedergeschrieben, gut verborgen, geschützt — kaum Freunden bekannt und nirgends »erkannt« — auch heute noch nicht, weil uns das Vermögen fehlt, den Ruf in diesen Bereich zu hören. Das Reden von Mythos und vom Magischen u.s.f. reicht nicht zu, um zu erkennen, was hier wartet und durch den heutigen Weltzustand entschiedener denn je zuvor verstellt bleibt.

Wohin sollen wir die *Auslegung* seines Gedichts denn legen? Reicht das Auslegen in die Innigkeit seiner Sage? Kommt ihr das vermutende Entsagen näher? Aber in welche Nähe? Muß nicht erst unser Verhältnis (Beziehung) zur Sprache sich wandeln in das Ver-Hältnis (Ereignis des Gevierts) als Sage?

Wie aber vermögen wir die Verwandlung zu empfangen, ohne das Hören des Gedichts? (vgl. 15)

---

[19] [Schillers Briefe. Hrsg. von Fritz Jonas. Kritische Gesamtausgabe. Siebenter Band. Deutsche Verlags-Anstalt: Stuttgart, Leipzig, Berlin und Wien o.J., S. 228f.]

26 Die Rede vom *anfänglichen Denken* konnte so verstanden werden, als meine sie, das Denken fange jetzt erst an, zu denken und vordem sei alles nichtig gewesen und irrig. Aber anfänglich Denken heißt, im Schritt zurück in den brauchenden An-fang das Ereignis hören, dessen Zumutung vermuten. Im anfänglichen Denken herrscht nicht die maßlose Überheblichkeit, erst den Anfang des Denkens zu bewerkstelligen – im anfänglichen Denken fängt das Denken nicht erst an, es hört höchstens auf, ein vorstellendes Ergründen zu sein und die Begründung zu wollen. Vgl. ob. 2.

Sprache – Daß wir jenes, dessen »Wesen« wir erfahren möchten, Sprache nennen (lingua, γλῶσσα, langue …), von »sprechen« her als der Verlautbarung, Lauterzeugung (laut und leise – sprechen; französisch – deutsch »sprechen«) gibt *viel zu* denken, weil es Viel *sagt*, was wir noch nicht hören. Ruht das Währende – Gewährte – d. h. Ereignende der Sprache in der Sage als dem Geläut der Stille, dann scheint die Sage als Sprache – als Lautung und Verlautbarung nur äußerlich vorgestellt zu sein. Aber wo kein »Außen« zu einem Innen, da verbirgt sich im »Lauten«, Zunge, Mund: das Läuten der Erde. Vgl. 28, 33.

27 Noch mancher Hinweise bedarf es, bis »*die Stimmung*« so erfahren wird, wie das anfängliche Denken sie denkt. Immer noch meint man, Stimmung sei der verschwommene Gefühlszustand, in den man gerät, der einen befällt. Diese psycho-logische Vorstellung ist richtig, sie nimmt das Seelisch-Körperlich-Leibliche als Vorhandenes, das Veränderung bringt. Aber die Stimmung ist, eigentlich gedacht, nicht die Sache menschlicher Zustände, auch »Befindlichkeit des Da-seins«[20] ist sie nur, insofern Stimmung die Gestimmtheit besagt, gestimmt aus dem Stimmenden, das als die Stille des Ver-Hältnisses den Sterblichen das Gemüt zu-mutet. Das eigentlich Stimmende ist das Ereignis selbst. Eine gestimmte viola d'amore ist nichts Verschwommenes, sondern beruht in der zart abgemessenen

---

[20] [Vgl. Heidegger: Sein und Zeit. GA 2. A.a.O., § 29.]

Fügung des Einklangs des Saitenspiels. Wie selten und dann noch unzu-reichend bedenken wir die klare Deutlichkeit einer solchen Gestimmtheit? Wir Sterbliche sind nur gestimmt je nach der Weise, *wie* wir auf das ereignende Stimmen der brauchenden Stille hören und nicht hören, das Gehörte er-tragen, und dabei zu | leicht, oder es in seiner ganzen Schwere ins Gemüt nehmen und die Schwermut als das tiefste Geschenk der lautersten Stille empfangen — das Schwere aber nicht als das bloß Niederdrückende, sondern als das Zeichen der goldenen Kostbarkeit einer Anmutung, die unser ganzes Dasein in seiner Weite durchmutet und »Alles« in das Ver-Hältnis ent-eignet und darin für große Augenblicke blühen läßt.

Alles Stimmende aber verlautet uns nur und läutet in uns, durch uns, aus dem Geläut, als welches die bringende *Erde* schwingt und schwankt, winkt und wankt und doch unerschütterlich den Ab-Grund trägt. Vgl. ob. 22.

Die Stimme der Stille — ist Stimme, insofern sie stimmt, d. h. das Ver-Hältnis fugt in den Fugen-Bereich des Gevierts. Das Stimmen ist fugendes Reichen — im Sinne des Bereiches. Die Stimme der Stille: die lautlose Sage, deren Läuten als Erde erst die reinen Laute erklingen läßt.

Dem allen gemäß empfängt das ent-sagende an-fängliche, vermutende Denken seine eigentliche | Strenge, d. h. Deutlichkeit alle Bezüge, aus dem Ereignis als *die Bestimmtheit*. Dieser Name wird jetzt aus der Stimmung und dem brauchenden Be-stimmen gedacht. Bestimmtheit abgründig geschieden von der »Bestimmtheit« im Sinne der Sicherheit; man gebraucht die Phrase »bestimmt« und meint »sicher« — »gewiß« und redet metaphysisch.

Die Bestimmtheit des Sagens im ent-sagenden Denken — webt in einer Stimmung und Rührung, die dichterischer ist denn alle Poesie. —

Der »Rhythmus« ist das Wogen — das stimmende, der Wellen der bebend-läutenden Erde. Woge und Weg, vgl. Vigiliae I, 48[21]

---

[21] [Martin Heidegger: Vigiliae und Notturno (Schwarze Hefte 1952/53–1957). GA 100. Hrsg. von Peter Trawny Frankfurt am Main 2020.]

Das Be-Ruhende
Die Erde, die den Ab-Grund trägt – sie die Tragende, nämlich das Ereignis, *braucht selber,* ins Geviert be-freyt, *dessen, was sie trage* – und dies ist die Sage – der Be-Reich – und so wieder das Selbe – das Ereignis – wundersame Verfugung – leises Scheinen des Wesenden der »Identität«. Die Sage als das Geläut der Stille – *stillt und trägt* – und west so als der Be-Reich. 21
Der einfaltende Ab-Grund: das ent-faltende Ereignis.

30 *Tragen* nicht als Grund und Grund und Unterlage.
Tragen als Er-eignen – Brauchen – Reichen – als Halten aus Ver-Hältnis.
Auf den Händen tragen; schwebenlassen in der Schwingung des Erbringens, das Verbringen – läßt den Aufenthalt. (23)
Aber Ge-Lassenheit als Fuge des Ereignens.
Die Einfalt ent-eignet in das Eigentum des Ver-Hältnisses – vgl. Notturno, 121. Die enteignende Einfalt als das Haltende im Ver-Hältnis –
Die Einfalt als die Stille
Stillen: beruhigen –
Die Stille stillt: läßt trinken die Ruhe der Rührung: der eigentlichen Bewegung des Reichens – im Sinne des Be-Reichs. (22)

Die gebärdende Stille
                die Woge der Rührung
Die stillende Gebärde
Das bergend-fügende Einfalten des Ver-Hältnisses in sein entfaltendes Ver-Halten: das erfüllte Eigentum. Die Gelassenheit des Überflusses.

31 *Ereignis* – Im verhaltenden Ereignen weben ineinander das Zu-Reichen und der Entzug. Das die *Fuge* des Ereignisses, das Zutrauen des Vertrautesten und der Vorenthalt des Verborgensten. Aber das Vertrauteste als das Verborgenste und dieses als jenes – ist das Selbe. Und dessen Wiederklang im sterblichen Wohnen: die

höchste Freude als tiefster Schmerz und dieser als jene. Geheimnis – anfänglich gedacht ist so die Fuge des Ereignisses. Geheimnis als ereignend – *nicht* als Etwas, *was* verborgen ist.

Das Wort »Geheimnis« kam durch Luther in unsere Sprache; zu seiner Zeit aber sagte man dafür im Schwäbisch-Alemannischen: *Heimlikeit* – und dieses Wort ist sagender: heimel [?] – verborgen *und* zugleich vertraut: das Verborgenste Vertrauteste. –

»Geheimnis« hat für uns eher den metaphysischen Ton – und sollte aus der Sprache des Denkens verschwinden.

Und »Wahrheit«? – wie immer wir das Wort hören mögen, es reicht nicht aus im Be-Reich.

Vergessenheit: die Verschleierung des Sichverbergens.

Welt und Gegend – vgl. 23   32
  Die vier Weltgegenden: das Geviert – vgl. Notturno I, 82
  Die vier Himmelsgegenden: *geo*graphisch.
  Auch die Weltgegenden haben ihren Riß von der Γῆ – der Erde aus. –
  Die vier Gegenden der Einen Gegend – als welche das Ver-hältnis aus der Einfalt gegnet.
  Das Gegnen und das Reichen des Be-Reiches.
  Ver-Hältnis und Sage
  Die einfältige Gegend und die Nähe.

Schweigen – Wer schweigt, hält an sich mit dem Sprechen – dieses An-sich-halten – (verhaltene »Sprechen«) ist ein *Sagen* – kommt aus diesem; ist nicht nur eine Form des Sprechens (ein privatives) – sondern von sich her: sagen; denn aus dem Verhalten, das etwas *sagen* möchte, ergibt sich erst das Schweigen, als Nicht-Sprechen.

Schweigen und Stille –
  Es scheint, als entspräche der Stille das Schweigen; dies stimmt nur insofern, als das Schweigen ein Sagen ist. Die Stille verlangt als Entsprechung das *Entsagen* und dessen Sprechen.

33 Die Sage entfaltet als Geläut der Stille die Einfalt der Gegend, gehört in diese, »ist« darum Erde — und insofern Sprache.
Alles, was »*ist*«, aus dem Wesenden des S̶e̶y̶n̶s̶, »ist« irdisch — am meisten der Himmel, am reinsten dieser.
Der Tod ist der Triumph der Erde, das Gebirg der Einfalt der Gegend.
Darum bleibt das Sterben, das den Tod stirbt, in ihn erstirbt, ein Überfluß von Möglichkeiten, deren Weisen wir weder ausdenken, noch voraussehen können.

πάθος — übersetzt man heute oft durch »Erlebnis« — was dem Griechentum durchaus fremd war, unbekannt. πάθος betrifft die διάθεσις und sagt: sich in das Verhältnis bringen lassen zu ...; wobei allerdings Verhältnis noch nicht als Ver-Hältnis aus dem Ereignis erfahren ist — gleichwohl aber schon das Moment des Entbergenden-Bergens enthält — die Offenheit *zum* An-wesenden. — Vgl. u. 37.

Das indianische Wort der Herrlichkeit: »die Eins-Blume«.

34 Das »*Kuinzige*« — Immer wieder fordert man eine Erklärung dieses im »Feldweg« gebrauchten Wortes.[22] Die Etymologie ist dunkel. Der Gebrauch des Wortes beschränkt sich auf Oberschwaben und die Gegend nördlich des Überlinger Sees. Was es *sagt*, versucht der ganze »Feldweg« gerade zu sagen. Unmittelbar vor der Einführung des Wortes und nachher (S. 5) ist von der »wissenden Heiterkeit« die Rede; dieses »Wissen« ist das Gesehenhaben und im Blick haben des nicht eigens gedachten S̶e̶y̶n̶s̶ — das Wissen ist im *hohen* Sinne ironisch, nicht verletzend, nicht überlegen sich aufspielend, sondern unscheinbar hilfreich, sich selber in die Ironie mit einbeziehend; die Heiterkeit ist schwermütig — aus jenem

---

[22] [Martin Heidegger: Der Feldweg. Vittorio Klostermann Verlag: Frankfurt am Main 1953, S. 5 sowie in: Ders.: Aus der Erfahrung des Denkens. 1910–1976. GA 13. Hrsg. von Hermann Heidegger. Frankfurt am Main 1983, S. 90.]

Gemüt, das die schwebende Schwerkraft und das Schwergewicht der Dinge überall fühlt, weil es von ihm berührt ist.

Das Wort »kuinzig« ist selber kuinzig, insofern es sich der förmlichen Definition und unmittelbaren Erklärung – entzieht.

Das Kesseltreiben gegen mein Denken, d. h. gegen die Vorstellung, die man sich davon gemacht hat, verstärkt sich überall her und nimmt die Form der Organisation an. Die Einkesselung muß bei solchem Umtrieb gelingen. Aber man wird den Kessel – leer finden.

Die unvermeidliche Folge des rechnenden Denkers sind die »Analysen« der gegenwärtigen Situation und die damit in eins gehende »Popularisierung« des Überlieferten. Die »Analysen« berechnen die nächste Zukunft, die Popularisierung verrechnet längst und jüngst Vergangenes. – Alles wird so allem in der billigsten Form vorgerechnet. Bleibt dieser Hinweis nicht auch nur Analyse der Situation? Nein – er entstammt der Einkehr in das besinnliche Denken, das die Aus-einander-setzung mit dem rechnenden dadurch versucht, daß es den eigenen Weg zugleich zu jenem werden läßt, auf dem das anfängliche Denken am rechnenden vorbeigeht.

Woran liegt es, daß von altersher die Frage: *was* ist dies und jenes? nach dem αἴτιον sucht, nach dem, | was »schuld« ist an diesem und jenem –? Es liegt daran, daß verschulden als Veranlassen gedacht ist, dieses aber als Vorliegen lassen – die Unterlage gewähren, gründen – die Frage nach dem τί – (*was* – im Sinne [von] »Aussehen« des Vorliegenden) fragt schon im Gesichtskreis der Ver-an-lassung des Anwesenden als eines solchen.

Was? d. h. welcher Herkunft ist das ins Anwesen Gekommene? Aus welchem *Grund?*

Welche Be-Stimmung des Seins (qua Anwesen) ist die sachlich Frühere? Das Was oder der Grund? Oder dürfen wir so nicht mehr fragen?

Welches nie lernbare Wissen zum rechten Hören und Lesen gehört? *Das Vermögen, zu ahnen, was ein Weg ist.* So steht denn und spricht »Ereignis« als Grundwort seit 1936 in meinen Manuskripten.[23] Doch den Heutigen ist die Möglichkeit undenkbar, daß einer zwei Jahrzehnte eine Sache durchdenkt und von ihr [nicht] oder nur verschleiernd spricht. Man stellt sich den Weg des Denkens nach der Abfolge der Jahreszahlen für das Erscheinen der Schriften vor.

37 Zu Hölderlins Versen »Was ist Gott?...«, die enden mit: »... schiket es sich in Fremdes...«[24] hat man neuerdings gemeint, hier »rede der Dichter irre«.[25]

Er redet nicht irre, aber so abgründig, daß es langer Zeit bedarf und einer ungewöhnlichen Erfahrung, um [im] Denken dahin zu gelangen, wo ein solches Wort anfängt; denn hier *die Befremdung* genannt – daß sich darin »unablässige Nähe bekunde« sagt der Vortrag »... dichterisch wohnt der Mensch ...« (Vorträge und Aufsätze, 195).[25] Aber so ist die Befremdung noch nicht anfänglich erfahren. Sie bekundet nicht erst Nähe, sie west aus dieser, ist das Ent-Eignende im Ereignis und bleibt so die Wahrnis des Heilen. Die Griechen erfahren die Befremdung der Ἀιδῶς – die Scheu – als das Selbe wie die Χάρις. Die Befremdung: die im Erzittern sich öffnende, alles verschleiernde Weite der an-sich-haltenden und so er-reichenden (»ver-langenden«) Nähe. Wer solches entsprechend denken, sagen könnte, vermöchte es nur, wenn ihm eine hohe Erfahrung geschenkt wäre. ob. 11, vgl. ob. 33 [...][27]

---

[23] [Vgl. Martin Heidegger: Beiträge zur Philosophie (Vom Ereignis). GA 65. Hrsg. von Friedrich-Wilhelm von Herrmann. Frankfurt am Main 3/2003.]
[24] [Friedrich Hölderlin: Was ist Gott?... In: Ders.: Sämtliche Werke. Zweiter Band. Gedichte nach 1800. Hrsg. von Friedrich Beissner. W. Kohlhammer Verlag: Stuttgart 1951 [Große Stuttgarter Ausgabe], S. 210.]
[25] [Nicht ermittelt.]
[26] [Martin Heidegger: »... dichterisch wohnt der Mensch ...«. In: Ders.: Vorträge und Aufsätze. GA 7. Hrsg. von Friedrich-Wilhelm von Herrmann. Frankfurt am Main 2000, S. 205.]
[27] [Ein Wort unleserlich.]

Sein und Schein — Dies nennt nach der gewohnten Vorstellung einen Gegensatz, wobei der Schein eine Herabminderung des Seins ist — vorgebildet bei Parmenides nach der geläufigen Auslegung: ἐόν und δόξα.

Aber »Sein und Schein« kann auch sagen: Sein und dies sagt *Scheinen* im Sinne des φαίνεσθαι als Ἀλήθεια. Zu diesem Scheinen versammelt sich das Ganze der Epochen des Seinsgeschickes (Geschick: Scheinenlassen des (Ereignisses), das sich noch entziehende, vergessene, als Sein: φύσις, λόγος, ἕν, ἰδέα, ἐνέργεια bis zur »absoluten Idee« von Hegels Logik).

Das so aus der Enteignis des Ereignisses erfahrene Scheinen west als das Gewaltigste, sich selbst verborgene Verhüllen.

In der Kehre wird das Scheinen in das Schleiern verwunden. — (45)

Das Erklären drängt alles ins Fade und Leere.

Wir dürfen nur das erkennen, was *als* Erkanntes bereichert und — verschleiert.

Sprachgefühl — Wo es regsam ist, rührt es unser Sagen und Hören an und rührt es zu den geringsten Neigungen wie der unscheinbare Hauch des Windes die einsame Blume auf dem Felde der Erde zuneigt und dem Himmel sie hinhält. Aber wissen wir, was das ist — das Sprachgefühl? Daß, wo es sich regt, unser Wesen schon gestimmt ist auf die stillen Wogen der rufenden Stimme der Sage, gleich der Leier, die leise erbebend sich öffnet dem nahenden Spiel, das sie ins dankende Singen entführt.

Das Sprachgefühl kann so mächtig sein, daß es uns bisweilen verwehrt, auf die verborgene Verwandtschaft von solchem uns einzulassen, was nahe zusammengehört. So verstehen wir leicht, was »entsprechen« heißt. Sagen wir jedoch statt »sprechen« sein Wesendes, nämlich »sagen« und hören das Wort »ent-sagen«, dann bringen wir es mit dem ent-sprechen nicht mehr zusammen. Wir »fühlen« eine Kluft zwischen beiden »Verben« — darf sie bleiben? Oder müssen wir lernen, zu hören, | wie im »ent-

-sagen« jenes, was wir als »entsprechen« zu kennen meinen, erst sein verhältnis-mäßiges Wesen entfaltet? Aber zunächst erheischt das Sprachgefühl immer wieder dies, daß wir »ent-sagen« sogleich und nur wie absagen und verzichten hören – wenngleich »sagen« das Bekunden nennt und das entbergende Zeigen. Im »ent-sprechen« waltet Hinhören, Hin-neigung, Angleichung und Zueignung: das Einende; wogegen im »ent-sagen« die Entzweiung sich vordrängt.

Unser »Sprachgefühl« stimmt dem zu. Aber ist dieses »Sprachgefühl«, wie wir es kennen und achten, nicht selber *geschicklich* der Stimme der Sage zu-gestimmt, nie endgültig, nie ausschließlich maßgebend? Wie verhält sich dieses Gefühl zur Sprache? Läßt es deren Wesen anfänglich »sprechen«? Folgt es nicht nur unbedacht einer geschicklichen Gewöhnung?

Entsprechen und Entsagen – laufen einander in ihrem Sagen zuwider. Aber dieses Zuwiderlaufende gehört nicht nur in eine dialektische Synthesis zusammen, sondern stammt aus dem ursprünglich | strittigen Ver-hältnis, darin die Einfalt von Innigkeit und »Befremdung« sie geborgen hält. Solange wir es nicht erfahren, daß alles Sagen in den An-Fang gestimmt ist, in das brauchende Ereignen, das unser Sagen *an*-sich-holt und nimmt und es dem Ver-Hältnis erdig vereignet, solange werden wir nicht erblicken, inwiefern das Sagen überall sein zu Sagendes und Gesagtes dem An-fang enthört und also sagt und erst so dem Ereignis innerhalb seiner – ent-spricht, d.h. jetzt *eigentlich*: entsagt.

Das Entsagen ist gebraucht, die Einfalt des Ver-Hältnisses der Erde einzusagen – das Wort den Ackerfurchen der Erde einzusäen. Das anfangende Denken heißt so, weil es die Sage dem Ereignis in die Erde entsagt und so die Sage zur Sprache stimmt.

Insofern das Denken *als Entsagen dichtender*, d.h. *nach*sagender, hörender ist als jede Poesie, ist es *denkender* als jedes vorstellend-begründende Denken.

Das Denken ist das ur-kundliche Dichten. Es erbringt die Kunde des An-fangs in den Schoß der Erde.

Sinnend das Selbe
brauchen wir nicht
das Gleiche zu wissen.

Im Ungleichen
leuchtet
das Selbe
mondenhell
hütend
das Dunkel
den Sternen.

—

Die Stille: das Ereignis der Vergessenheit – der anfänglichen, ins Ver-Hältnis verfügten.

Die Woge der Stille
   läutet die anfängliche Vergessenheit
Geläut und Woge:
   wogen: wiegen und wegen
   Das Zeitwort »wegen« sagt im Schwäbischen: einen Weg bereiten.

Die gelassene Welt –
Denke Welt aus dem Welten als das Ereignis, das ereignend sich in das Ver-Hältnis enteignet, als welches die Stille die Vergessenheit läutet: die in die reine Verbergung sich fügende Wahrnis der Woge der bebenden Ruhe.
   Gelassen: 1. durch das gebrauchte Lassen gestiftet;
               2. als das so Gestiftete selber erst versammelt ins heile Lassen.

(1) wäre nach der Grammatik das Passive.
(2) wäre nach der Grammatik das Aktive.
Aber hier wird deutlich – wie nirgends sonst –, daß wir »das Lassen« im Reichtum seines Bereiches von actio und passio her niemals an-denken können.

Das Selbe gilt vom Welten der Welt, die weder nur κόσμος im Sinne Heraklits noch im Sinne der Metaphysik (vgl. Vom Wesen des Grundes;[28] Sein und Zeit nur ein erstes Hintasten). Aber ein Lichtblick: »*Die Welt weltet.*«[29]

44 *Die Kluft zwischen Besitz und Eigentum.*

Jedes Besitzenwollen schon und vollends jeder Besitz zerstört alle Möglichkeit einer Ereignung ins Eigentum der Enteignis. Der widrigste Gegensatz zum Lassen ist das Besitzen.

Die Zweideutigkeit des Habens als Besitzen und zu eigen »haben«; in unserer ältesten Sprache ist haben: *eigan* – als das Eigene lassen. *Haben* ist *Sein*, wenn es besitzlos im Lassen weilt: Sein und Haben: das Selbst aus der Selbigkeit des Ereignisses.

— — —

Zum Wort des Dichters
»So lernt ich traurig den verzicht:
Kein ding sei wo das wort gebricht.«[30]
spricht nachbarlich das denkende:
»So winkt verschleiert das Gedicht:
~~Sein~~ als Sage gibt erst Laut und Licht.«

Das Wesen der Sprache: die Sprache des Wesens:
Das Wesen der Sprache: die Sage im Ereignis: ↓
Das Wesen der Sprache: ↓ das Geläut der Stille
     das V-H der Fuge

---

[28] [Martin Heidegger: Vom Wesen des Grundes. In: Ders.: Wegmarken. GA 9. Hrsg. von Friedrich-Wilhelm von Herrmann. Frankfurt am Main 3/2004. S. 123–175.]

[29] [Vgl. z. B. Martin Heidegger: Das Ding. In: Ders.: Vorträge und Aufsätze. GA 7. A.a.O., S. 183.]

[30] [Stefan George: Das Wort. In: Ders.: Das Neue Reich. Gesamt-Ausgabe der Werke endgültige Fassung. Bd. 9. Georg Bondi Verlag: Berlin 1928, S. 134. Vgl. dazu Martin Heidegger: Das Wort. In: Ders.: Unterwegs zur Sprache. GA 12. A.a.O., S. 205–225.]

Das Sein — als das reine Scheinen: das leuchtend lichtende 45
Anwesenlassen die Verhaltenheit des reinen Ver-Bergens — als solchen.
Dies Scheinen — ereignet im Zeit-Spiel-Raum des Ereignisses (38).

Nähe
Je inniger die Nähe nähert: in das gegeneinander-über ent-fernt, umso reiner bleibt sie selber im Unnahbaren als dieses selbst. Ent-fernen: die Ferne ergeben in der Weise, daß das Ent-fernen die Ferne verwandelt in die äußerste Befremdung des Zugetrauten. — Aus diesem Äußersten der Befremdung, in ihm erblüht das Innigste der Vereignung, durch die das Gegenüber in jene Weite gewahrt wird, die keiner Brücke mehr bedarf: das im Ereignis erfahrene Ἕν Διαφερόμενον als das Ἕν Πάντα des »Eins« als die Ent-Eignis in die Befremdung des Holden.

Wenn wir die Nähe als solche erfahren, erleiden wir sie als das Unnahbare — der Schmerz dieses Erleidens ist der Jubel des Lassens.

Wir halten uns in der Nähe auf, aber auf die mannigfaltigste 46
und dabei verschiedengradig offenbare und verhüllte Weise: ahnunglos, ahnend, vermutend, erfahrend; verwirrend, zerstörend, hütend, bauend. — Entsprechend west das Verhältnis (Beziehung) zur Sprache als dem Ver-Hältnis (Ereignis).

Die Nähe ist das Unnahbare. (79)
Unnahbar ist das Be-wegende ihres Näherns: die Nahnis.
Wir gelangen in das Unnahbare durch die Scheu des schleiernden Hütens.
Die Hut ist: der hörend-erblickende Dank.

—

Einmal schrieb ich (1946):
Der Wille
ist
das Wahr-lose
der Stille[31]

47 Die früheste eigene Erfahrung meines Denkens ist die Erfahrung der Vergessenheit des Seins als solchen; wobei Vergessenheit von der λήθη her als Verbergung gedacht wurde und alsbald der Anklang dessen gehört, daß diese Ver-bergung nicht nur *auch* zur Wahrheit des Seins gehört, sondern den Wink gibt in die eigentliche Wesensfülle des in seine Wahrnis zurück-gelassenen S̶e̶i̶n̶s̶. –
Ver-Bergung aus und als Ent-eignis *im* Ereignis. Daher der unablässige Blick in das Geheimnis des Geheimnisses und die langhin vergeblichen Versuche dieses in ihm selbst in seinem Selben zu – *lassen.*

Die technische *Welt* ist nicht identisch mit der Technik. Man kann »die Technik« zu der Ursache stempeln, durch die Heil und Unheil des Zeitalters erklärt wird. Die technischen Vorgänge und Erscheinungen entstammen einer geheimnisvollen Welt, der unser Denken noch nirgends entspricht. Darum sind die üblichen Formen der »Analyse« und »Kritik« des Zeitalters sinnlos.

48 An eine Oberprima eines Gymnasiums:
Platon sagt in seinem Dialog Theätet (146[b]) τῷ γὰρ ὄντι ἡ νεότης εἰς πᾶν ἐπίδοσιν ἔχει.[32] »Denn in Wahrheit eignet der Jugend eine aus sich gedeihende Hingabe an Alles« (τὸ πᾶν bedeutet hier »Alles« im Sinne des höchsten Ganzen, worauf es am meisten ankommt.)
Worauf kommt es bei Ihrem bevorstehenden akademischen Studium am meisten an? »Was sollen wir tun?« fragen Sie.

---

[31] [Martin Heidegger: Vier Hefte I und II (Schwarze Hefte 1947–1950). GA 99. Hrsg. von Peter Trawny. Frankfurt am Main 2019, S. 109.]
[32] [Platonis opera. Recognovit breuique adnotatione critica instruxit Ioannes Burnet. Oxford 1902, Tomus I.]

Tun Sie das *Lassen* in dem zwiefachen Sinne: einmal negativ, sich freihalten von der leeren Verstrickung in die technische Welt nach jeder ihrer Formen; zum anderen positiv: sich offenhalten für das Verehrungswürdige Vorbildliche der Überlieferung des abendländischen Geistes Sie sammelt sich in dem noch immer nicht gehörten Zuspruch des Dichters, den vor bald hundert Jahren der Primaner Friedrich *Nietzsche* seinem Freund zum ausharrenden Lesen empfahl.[33] Der Name des Dichters heißt: *Hölderlin*.

Aber jede Anweisung für Ihr Tun und Lassen ist | vergeblich, wenn Sie nicht aus der eigenen Kraft der Jugend das Echte wagen und wieder lernen zu suchen. Hölderlin sagt:

»Wir sind nichts. Was wir suchen ist alles.«[34]

Er-möglichung und Möglichkeit
  ins Mögende vereignen,
das *uns* so mag, daß wir ohne Es nicht sein können, die, die wir sind.
  So allein sind wir uns selbst das Unsere.   Die Sterbl*ichen*

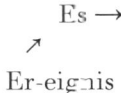

Es →
Er-eignis

Das eigentliche Vermögen, was ereignend gebraucht ins Mögen sich verschwendet —

  das Mögische, das Magische.

  Magie als die *helle* Verzauberung in das Sanfte der Stille.

  Μάγος — (persisch) der Priester als der Hüter der heilen Verzauberung.

---

[33] [Friedrich Nietzsche: Gesammelte Werke. Erster Band. Jugendschriften 1858–1868. Musarion Verlag: München 1922, S. 31–35.]
[34] [Friedrich Hölderlin: Fragment von Hyperion. In: Ders.: Sämtliche Werke. Dritter Band. Hyperion. Hrsg. von Friedrich Beissner. W. Kohlhammer Verlag: Stuttgart 1957 [Große Stuttgarter Ausgabe], S. 184: »Wir sind nichts; was wir suchen, ist alles.«]

50 Zum Wesen des Spieles:
das Lassen ins Halten
das Halten ins Lassen
aber
das Spiel ist erst vollendet
wenn
je und jäh und je
sich's wendet
Lassen ins Halten
Halten ins Lassen. ⊛

Das Sichwenden keine bloße Umkehrung,
   sondern das Gewind der Spindel –
Durch-reichen den Bereich
   der Zu-Reichung

Das *Gewind*: selber der *Wind* der Stille
↑ das Spiel –
*

⊛ beide im Zuvor-Kommen und dieses? Gelassen gehören in die sanfte Strömung, als welche der Überfluß des Zarten die Zu-Ge-reichten trägt. (65)

51 So wie »der Sprung« – noch in das metaphysische Vorstellen zurückdeutet und dadurch, daß er *von* diesem wegbringen soll, an es gekettet bleibt, zeigt in einer anderen Weise auch die Rede vom »*Schritt* zurück« noch in das, wovon weg er führen soll. – Die damit gemeinte Rede von der »*Rückkehr*« legt die Vorstellung des hegelschen Kreisdenkens nach – zurück aus der Entfremdung in das An-und-für-sich sein des Geistes.
   Wenngleich in der Sache die genannten Worte ereignishaft zu denken sind, genügen sie nicht dem gemäßen Sagen.
   Eher schon sprechen Einkehr und Einfahrt. Einfahrt – nennt das Einfahren – ein gelangen in die Bewegung – 65.

»Einfahrt« heißt im Schwarzwaldhaus auch das *Tor* — die Pforte der Pfade.

»Einfahrt« — läßt ungesagt, von woher sie anfängt, wobei sie anhebt. —

Es kann gerade und muß sogar dem An-fang gemäß das sein, *wohin* sie führt.

Dies zu bedenken für die Vorträge »Das Wesen der Sprache«.[35]

Überwindung — Wie leicht ein solches Wort in die lässige Verwendung gerät und man plötzlich überall »überwindet«.

Doch Überwindung, die auf ihrem Weg — anfänglicher der Überlieferung ausgeliefert nicht zu ihrem Gesparten befreit wird und sich im Geheiß des Ratsals erfährt, bleibt in der Polemik eines vermeintlichen Fortschreitens und Aufhebens hängen und tritt so sich selber in den Weg, der kein Weg mehr ist.

Der Gedanke der Überwindung birgt die unablässige Gefahr, daß man im Überwinder der Meinung zum Opfer fällt, man sei über das Überwundene hinausgegangen — wohin?

Man ist nicht einmal dahin gelangt, sich erst auf das zu Über-Windende einzulassen und es in dessen eigenes Wesen zu befreien. —

Wie anders ist die Überwindung — der Schmerz des an-fangenden Ent-strömens.

Über die Metaphysik hinauszugehen vermag nur ein Denken, das in *ihre* »Wahrheit« eingegangen ist.

Das vor-enthaltene Verhalten in der ereignenden Schickung erfahren lernen.

Etwas ist es, die Verwindung zu sagen. Ein ganz Anderes, in ihrem An-fang, sie vergessend, anfänglich wohnen — wo es keines Sprun-

---

[35] [Heidegger: Das Wesen der Sprache. In: Ders.: Unterwegs zur Sprache. GA 12. A.a.O., S. 147–204.]

ges, keiner Rückkehr, keines Schrittes zurück mehr braucht – sondern »nur« *des Brauches*.

Das In-sich-Zurück-Kehren des Menschen kann wie für Hegel bedeuten: Sich-selbst-erfassen als absolute Subjektivität.
Aber die Rede von der Rück-kehr im anfänglichen Denken besagt das ganz Andere: Einkehr in jenes Wesen des Menschen, das sich aus dem Geviert als das der gebrauchten Sterblichen lichtet – somit – in der Hinsicht auf den absoluten Idealismus und die Metaphysik: die Preisgabe der Subjektität und der Subjekt-Objekt-Beziehung. Hegel will aber gerade *diese* und nur sie als die absolute Wahrheit.

54 Denke die Fuge der Dinge aus dem Ver-Hältnis des Gevierts. Das Gleich-Zeitige im Welt-Spiel.

Die *noch* währende Verwahrlosung des Gevierts. Wie das Gestell Es verstellt.
Die furchtbare Aussicht – von Amerika geplant – das technisch kontrollierte und gelenkte Wetter – dies wird die äußerste Bestandsicherung der völligen Unsicherheit alles Wachstums der Erde. –
Dies übersteigt noch die grobe Zerstörung der Erde durch die atomare Verseuchung.

———

Mein Denken –
mehr gelobt als erkannt;
und mißdeutet statt – verbannt.

———

Man merkt immer noch nichts und hält das Hinhören in die durch unsere alte Sprache schon *gesagte Sache* für – »etymologische Späße«. – »Spaß muß sein«.

Tisēi (Abschied von der Welt) heißen die Gedichte, die nach altem hohen Brauch Sterbende im Sterben dichten. Das Tisēi des Bashō lautet:

Tabi ni yande
Yumē wa karenō wo
Kakemegūru
Wandernd erkrankt
der Traum läuft umher
auf dem dürren Feld[36]

Wandern – unterwegssein (nicht wohnen).
   Darin muß der Mensch ruhig wohnen können.
   Wohnen im Nichtwohnen: das Traumhafte.
Dichtersein –

Aber das Traumhafte braucht seine eigene *Fügung*. Suche die Spur der Fugen des Gevierts. Im Sich-fügenden Traum des Denkens kommt Welt als Welt zum Scheinen.

Heute fehlt nicht nur der Wille, sondern die Bereitschaft, weil das Vermögen, die Natur anders zu erfahren denn: physikalisch.
   Die Verweigerung des Vermögens aus der Unablässigkeit des Ge-Stelles.
   Das Ge-Stell als die Verbergung des Ereignisses.*
   Die Verbergung als Vorenthalt.
   Der Vorenthalt als die Verschleierung der Zu-reichung.

* Die Vollendung der Vergessenheit des S̶e̶y̶n̶s̶.
   Das Zu-Spiel des An-fangs.

---

[36] [Heidegger hatte 1958 einige Begegnungen mit japanischen Gästen, darunter Shinichi Hisamatsu. Vgl. Japan und Heidegger. Hrsg. im Auftrag der Stadt Meßkirch von Hartmut Buchner. Thorbecke: Sigmaringen 1989, S. 189–192 und 211–215. Außerdem hatte Heidegger zu dieser Zeit japanische Studenten wie Kôichi Tsujimura, die ihn mit dem Zen-Buddhismus und der Dichtung Bashōs in Berührung brachten.]

Durch *Hegel* wird die kaum bedachte Geschichte absolut als reine Historie spekulativ-dialektisch vorgestellt.

Das Vorstellen der Philosophie zielt von früh an auf das Apriori –; das heißt: *Philosophieren* ist: *Alles schon wissen.*
   Denken aber heißt: *das Eine*, anfänglich stetes, *sich sagen lassen* (59): das Zugesagte als solches: die Sage.

57   Die Zu-Reichung entherrlicht in das Ereignis.

Die Sage – *die Zeige* (altes Wort; wir gebrauchen es noch in: die Anzeige).
Die Sage zeigt: ins Zeigen –
    reicht: das Reichen
    wahrt: die Nahnis als das Unnahbare –
↑ *ver-sagt*: jedes Kreisen in sich selbst
↓ lichtet: das Sichbergende Verbergen

    be-wēgt: die Woge des Jubels
    läutet: die Stille

»Logik« – hieß es früher (1934):[37] dem Wesen der Sprache (Λόγος) nach-denken: μυθο-λογία. μῦθος: das Wort als die Sage (vgl. Notturno I, 104).
   Mytho-Logie: das Sagen der Sage. Diese anfängliche Mythologie ist als Denken keine Lehre und Erzählung von den Göttern.
58   Nicht ein- | mal die Gottheit der Götter vermag sie zu sagen. Aber sie könnte vielleicht, wenn einer einmal in späterer Zeit das Mythologische vermöchte, einem ersten ruhigen Licht des Scheinens der Gottheit den Zeit-*Spiel*-Raum zu bereiten – im Sich-sagen--lassen: die Sage. 74

---

[37] [Martin Heidegger: Logik als die Frage nach dem Wesen der Sprache. GA 38 A. Hrsg. von Peter Trawny. Frankfurt am Main 2020.]

Inzwischen bleibt das Denken von der Gefährlichsten aller Gefahren bedroht. Das ist die Reflexion, soll heißen: das Denken verlegt sich allzuleicht dadurch den eigenen Weg, daß es, statt das Denkwürdige sich sagen zu lassen und so einfältig zu ent-sagen, in das Erörtern des Weges zurückfällt, sich darin verfängt, vom Weg abkommt und die Sage überhört. Aber ohne diese gefährlichste Gefahr *zu erfahren,* wäre das Denken kein Denken. Ohne den *unablässigen* Notschrei in dieser Gefahr, hörte das Denken nicht die Stille der Sage. Aber dies Schreien braucht niemand zu hören oder gar sein Brennendes zu kennen. Wie gut, daß alles sich so harmlos ausnimmt und in Literatur- und Vortragsbetrieb, bisweilen leicht kurios, mitschwimmt.

Der Notschrei schreit die Not, daß das Un-nötige, das Nutz-lose sich den Sterblichen nur langsam und mühsam als das Wahre *aus* seiner Wahrheit (Ereignis des Ver-Hältnisses) sich ans Licht heben kann, weil sie seit langem schon nicht mehr (oder noch nie an-fänglich eigens?) eingespielt sind in das Welt-Spiel.

Das Denken muß das Sich-sagen-*Lassen* — tun und dabei auch dieses Tun noch als ein Lassen — lassen.
   Die stete Gefahr jedoch ist, daß das Tun das Lassen in Besitz nimmt und dem Lassen es verwehrt, in die Gelassenheit sich einzulassen.
   Diese innerste Be-wegnis des Denkens läßt sich von der Vorstellung der Reflexion her nie ersehen, geschweige denn erfahren.

Viele sind zu gescheit für das Denken. —
   Sich-sagen-lassen: sich einholen lassen in die Gelassenheit des entsagenden Gehörens in den Brauch der Sage als des Geläutes der Stille (56).

Die Kehre erscheint zunächst wie ein Vorkommnis, das zu Bisherigem dazu kommt und gar nur durch das Denken vollzogen wird. Aber die Kehre gehört in das Ereignis selbst. Sie ist der Vorschein der Enteignis, als welche die Vergessenheit aus dem bloßen Entzug der Ἀλήθεια als solcher zur eigentlichen Wahrnis des Sichverbergens wird. Enteignis in das Eigenste des Ereignens; das ist der Vorenthalt des An-fangs in dessen Ratsal. Die Kehre ist nichts, was wie eine Phase vorübergeht. Sie bleibt die innige Be-wēgnis der Welt.

Der Vorenthalt im Anfang ist das Zu-vor-kommen der Zu-Reichung. Der Vor-enthalt ist die weiteste Gewährnis der Weile; der Brauch als das Zuspiel des Denkenden Weilens.

Im Vorenthalt spielt der Überfluß des Anfangs.

Jedes *Wort*, anfänglich gehört und also gesagt, ist schon *Welt*.

Das Wesen der Sprache: die Sprache des Wesens —

Auch wenn der Hinweis solchen Sagens nach der gewährten Möglichkeit gedeutet wird und nicht als grobe Umkehrung, hängt er unweigerlich im metaphysischen Vorstellen.

Sogar wenn es heißt: die Sage ist als das Geläut der Stille: das Wesen der Sprache, ist der Rückfall in die Metaphysik entschieden.

Es kann nur heißen:

Die Sage läutet die Welt-Stille, ereignend die Wahrnis des Λόγος. Diesem entsprechend ist das *Denken*: das λέγειν —

So enthält die Überlieferung, unser Vermuten ins Freie bringend, die Wegweisung in die aus der Stille kommende Be-stimmung des Denkens als des *eigentlichen Sagens* der *Sage des Ereignisses*.

Insofern das *anfängliche* Denken ist: das eigentliche Sagen der Sage des Ereignisses ist es das *Dichtende* alles Dichterischen.

Anfänglich heißt das Denken als das aus dem Anfang in diesen eingeholt-gebrauchtes Sagen. So heißt es | dann »anfänglich«, weil an-gefangen im Ereignis; nie aber darum, daß es selber das *anfangende* sein könnte und dürfte.

Die *Philosophie* denkt nach der Methode des Rechnens, ist das begründende Vorstellen des Seienden in dessen Sein.

Die *Mytho-Logie* denkt als die Weise des Entsagens: ist das sich-sagen-Lassen: die Sage: das Geläut der Stille, das Ereignis des Welt-Spiels. Das so Gesagte enteignet sich dem Be-Reich des sterblichen Wohnens. —

———

Indessen verfestigt sich der Weltentzug und verbirgt sich durch die schrankenlose Einrichtung der planetarischen Öffentlichkeit in der Form des Informationsbetriebes. Die also informierte Öffentlichkeit für das, was einst als Werk gebildet und alsbald zunehmend seines Wesens beraubt wurde.

Die sich neigende Ähre am Halm im Feld fügt sich noch gern dem Mühlstein, der sich aus dem leichten Fließen des Baches bewegt, wird als Korn wieder Samen in der Furche unter der Sonne. Alle diese Bezüge sind durch die Technik zerstört.

Das Selbe ist stets das Selbe; denn es verweilt anfänglich. Darum bleibt es je und je unwiederholbar. Dies ist sein Überfluß.
    Identität ist Zu-Reichung.

———

Das Anrennen gegen die Metaphysik ist in der selben Weise unzureichend wie die bloße, alles verstoßende Abkehr. Verblendung vollends wäre die vermittelnde Verwehrung von Abkehr und Angriff. Wessen es braucht, ist, das Wesen der Metaphysik seinem Gewesen zu überliefern, wobei das »Wesen« erst aus dem Anfänglichen des Ereignisses sich lichtet. Auf solche Weise wird die Metaphysik in die ihr selbst notwendig verborgene Herkunft zurückgelassen. Das andenkende *Zurück-Lassen* vermag das Denken erst aus der Gelassenheit des Zuvor-Kommens.

Das langjährige, vielschichtige, immer neu ansetzende Durchdenken der Wesensgeschichte der Metaphysik wird nichts bewirken, es sei denn eine noch hartnäckigere Verfestigung durch ein berechnendes Ausnutzen dessen, was gegen sie gesagt wird.

Durch das Zurück-Lassen gelangt die Metaphysik erst in das Licht ihrer Herkunft. Aber dieses Licht muß zuvor durch das anfängliche Sagen angezündet sein und dieses muß lernen, am eigensten Quell unablässig zu weilen – aus der Weile. –

Noch ist unzureichend gedacht, was es heißt: das Wesen der Metaphysik ist die *Seinsvergessenheit*. Die Rede von der Seinsvergessenheit bleibt in aller Hinsicht mißverständlich. Erst wenn »Sein« heißt: ~~Seyn~~ als Ereignis und Vergessenheit: Verbergung als sich verbergender (durch die Lichtung als Ἀλήθεια gerade sich verhüllender Entzug, d. h. Enteignis), wenn Seinsvergessenheit gedacht ist als die Enteignis im Ereignis, dieses Selbe als das Welt-Spiel des Geläutes der Stille – kommt eine genügende Klarheit in das Einfache des Sachverhalts.

Aber das Weilen auf dem rein gefundenen Weg – das Zurücklassen aller Stützen – allein?

»... es ertrug keiner das Leben allein;«[38]

65 Schmiede das Geschmeide ...
sage die Sage

Das Eigenste braucht die Zu-Reichung, weil es nicht das Eigensüchtige, sondern selber das Gebrauchte ist. Das Eigenste gedeiht nur, wenn es in der Zureichung weilen darf.

Der Welt-Spiel-Quell.

Die im Ver-Hältnis aus ihm Gehaltenen vermögen das Lassen – 50
Doch wer vermöchte es rein zu denken: das Gewähren-lassen: die Gewährnis.
Das Lassen: das höchste – innigste *Tun*.
Denken als Lassen: (sich) sagen lassen die Sage.

---

[38] [Friedrich Hölderlin: Brod und Wein. In: Ders.: Sämtliche Werke. Zweiter Band. Gedichte nach 1800. A.a.O., S. 92.]

Bleiben-Lassen: lassen ins Bleiben, ins Währen der Her-Kunft, die Gewährnis.
   Bleiben-lassen: die Einfahrt (51) in das Selbe.
   Tun* — im Sinne von θέσις als ἀπόθεσις — niederlegen in die Be-wahrung aus Gewährnis — diese: das Welt-Spiel.
   * *Vgl. 100* und *48.*

Das eigentliche (im Ereignis gemäße) Tun, das weiteste und innigste zumal ist das *Sagen* — das Zeigen als Scheinenlassen die Lichtung des Sichverbergens. 66
   Das anfängliche Sagen ist das Denken —
   Alles Dichten ruht im Gedank —,
      darin Denken und Danken zu-einander gehören.

Denken ist *Danken.* (139)
   Denken verdankt die Gabe des »Es« (des Ereignisses), das ereignend-ver-haltend-stillend: gibt.
   Das »Geben« aus dem Ereignis denken.
   Gabe und Dank.
   Der Dank er-gibt sich der Gabe.
   Das Denken *ver-sagt sich in* die Sage des Ereignisses.

Wenn Sagende doch nur auf den Weg gelangen dürften, ein *nutzloser alter Baum* zu werden, an den Tschuang-Tse denkt.[39]

Die in den An-Fang Gebrauchten 67
   Aus dem Ver-Hältnis Gehaltenen
      vermögen das Lassen.

Sie erfahren es als das höchste Tun.
   Tun als θέσις im Sinne der ἀπόθεσις:
   niederlegen das Weilen in die Bewahrnis.

---

[39] [Dschuang Dsi: Das wahre Buch vom südlichen Blütenland. Übers. von Richard Wilhelm. Eugen Diederichs: Jena 1912, S. 33 f. Es handelt sich um die Geschichte »Der alte Eichbaum«.]

Das Lassen läßt, heiternd die Flur
des Welt-Spiels, die Zu-Gereichten
einander er-reichen.

—

Die Metaphysik, ins Wesen gedacht, Geschick des S̶e̶y̶n̶s̶ – ist *Gegenwart* – nichts Vergangenes, kein Objekt für Philosophiehistoriker, keine Zuflucht für mißglückte Theologen –. Gegenwart als Geschick. An ihr muß sich ein Denken erst wund gestoßen haben, ehe es daran denken darf, als erfahrend alles hinter – sich zu lassen.

»Der Verzicht nimmt nicht. Der Verzicht gibt.« – heißt es im Feldweg.[40] Der Verzicht gibt aber nur, wenn die Verzichtenden die Empfangenden sind als die Dankenden. Das Verzichten ist das *sichversagen* im Sinne des sich (acc.) nicht versagens dem Brauch – sich nicht nur nicht verschließen, sondern sich ganz ent-sagen in die Ent-eignis. Dies ist höchste Freiheit: der Dank als das Geheimnis dessen, was in einem verbrauchten, vieldeutigen Wort genannt wird, das bei uns »Liebe« heißt.

Nur die selber schon Ausgewählten [in den Brauch] vermögen zu wählen und das Gewählte zu verdanken.

Inwiefern sind die Zeitgenossen gerade nicht zuständig für die erfahrende Auslegung des Gedachten und Gedichteten? Weil sie nicht in den Zustand gelangen, den das Denken und Dichten vorausempfängt, um darin allein zu bleiben – verwandt nur den *Ahnenden*. Die »Ahnin« (Stefan George)[41] ist die *Jüngste*.

---

[40] [Heidegger: Der Feldweg. GA 13. A.a.O., S. 90.]
[41] [Stefan George: Das neue Reich. Gesamt-Ausgabe der Werke endgültige Fassung. Bd. 9. Georg Bondi: Berlin 1928, S. 125: »Welch ein kühn-leichter schritt / Wandert durchs eigenste reich / Des märchengartens der ahnin?«]

»Daß ›Alles‹ immer im Anfang *verbliebe* –« »Das W ä h r e n !« –   69
»Unmögliches«

                                            P

An-fang – fangen als fuogen –
       fügen – ein fügen
       »an« – wie »in«
Ein-fügen – Ereignis.

Was geschieht dort, wo das Geheimnis in seinem Walten (das R[atsal]) nicht einmal als solches zum Vorschein kommt in dem Sinne, *daß* es weltet.

Das *entscheinende* R.[atsal] hüten, indem wir der Enteignis gehören im Schmerz der einfachen Zu-Reichung.

Die Vergessenheit und ihr eigenes Sichverbergen – die Stille und ihre eigene Stillnis in den ῥυθμός des einfältigen Scheinens der Weltgegenden des Ratsals.

Ins Eigene gelangen durch die Enteignis.

Auf die Sprache hören – dies heißt: 70
   Die Sage, das Geläut der Stille, das Ereignis als Enteignis sich sagen lassen, in ihrer Weise (μέλος) der Sage ent-sagen, d.h. sie ihrer Enteignis entsagen in den Dank des Denkens.
   Der freudigste Dank –   P

So bleibt es denn ein langmütiges Wagnis, auf die Sprache zu hören und das Gehörte *in* das »Gespräch« zu sagen, das wir Sterblichen sind. Das Leichteste dabei ist noch, den Anschein zu ertragen, als sei dies hören auf die Sprache ein gekünsteltes Ausdeuten von aufgegriffenen Bedeutungen vorhandener Wörter.

Und doch ist es »nur« ein Mitspielen im Tanz des Welt-Spiels, das Ruhen im Rhythmus seiner Weisen.

Jeder Ausblick auf das Wesen der Sprache ist wichtig. Heute ist keiner so bedrängend wie der in den längst nicht genügend bedachten Zusammenhang | von Λόγος und Logistik, d. h. zwischen dem Wesenden (dem Be-wĕgenden) der Sage und dem »Aussagen« des rechnenden Denkens. Dies alles in dem Augenblick, wo man dabei ist, die »Weltformel« zu finden; vgl. Werner Heisenbergs Vortrag »Fortschritte in der Theorie der Elementarteilchen« –; hinter diesem bewußt vorsichtigen, rein wissenschaftlich-»sachlichen« Titel verbirgt sich die unheimliche Sache im Sinne des Streites im »Sein selbst« (Ereignis) – der Streit zwischen Gestell und Ereignis. Aber Gestell selbst ist nur eine Vergessenheit, die ruhende Verbergung, der waltende Entzug des Ereignisses selbst. Heisenberg schließt den Vortrag mit dem Satz: »Diese Welt scheint die einfachste aller Welten zu sein.«[42] Aber »diese Welt«, die Heisenberg meint, *ist* keine Welt und ihr Einfaches besteht in der durchgängigen Berechenbarkeit durch wenige Zahlwerte. Sogar die Unendlichkeit ist zu gering, um die Verschiedenheit (Abgestorbenheit) »dieser Welt« gegenüber der Einfalt des Welt-Spiels im Ereignis des Ver-Hältnisses auch nur anzudeuten.

Sprache – Hölderlin dichtet das Wort als die »Blume des Mundes«.[43] Es gibt eine Blume (arnica montana), deren heilende Kraft die Bauern im Schwarzwald kennen. Sie nennen die Blume »Wohlverleih«. Dieser Name könnte auch »die Blume des Mundes« nennen, das Wort »Huldverleih«.

Die Huld, die hold wird der Welt-Spiel-Vereignung des Dinges.
Die Huld des Frohlockens –
»Wenn Menschen fröhlich sind, wie ist es eine Frage?

---

[42] [Werner Heisenberg: Fortschritte in der Theorie der Elementarteilchen. In: Wissenschaft und Fortschritt. Nr. 7/1958, S. 243–245.]
[43] [Friedrich Hölderlin: Germanien. In: Ders.: Sämtliche Werke. Zweiter Band. Gedichte nach 1800. A.a.O., S. 151: »Und heimlich, da du träumtest, ließ ich / Am Mittag scheidend dir ein Freundeszeichen, / Die Blume des Mundes zurük und du redetest einsam.«]

Winke I 51

Die, ob sie auch gut sein, ob sie der Tugend leben;«[44]
Hölderlin – (Scardanelli)[45]

Welt und Ding – Welt-Spiel-Ding
anfänglicher denken.
Die Bedingnis aus der Sage erfahren als den Be-Reich – der aus dem Welt-Spiel-Quell einander zureicht, was als so Gereichtes den Reichtum des Ereignisses vereignet, als Ding sich den Sterblichen darreicht.
Bedingnis aus der Nahnis im Be-wēgenden der Sage.

Dagegen »die Bedingung« – im Sinne dessen, was als Grund etwas begründet und als Gegenstand ermöglicht. – Möglichkeit hier als Zugänglichkeit für das rechnende Vorstellen als Denken. Kant.
Das Bedingte im Sinne dessen, was durch den obersten Grund als das höchste Ding, ens realissimum, begründet, d. h. geschaffen ist, das Kontingente im Sinne des Begrenzten, Endlichen, ens creatum.

Bedingen: 1. Be-dingen aus Bedingnis
2. Bedingen als Begründen.
Das be-dingende Wort als die Sage.
Das darstellende Wort als Aussage und Ausdruck –
Dar-stellen zugleich als Herstellen im Sinne des Schaffens. Das Wort – im Sinne des Schöpfungsberichtes der Genesis; reicht niemals in den Bereich der Bedingnis, sondern gehört in die Metaphysik: das Sein als der Grund.

Auch Seyn haftet noch und gerade am Sein.
Die Preisgabe von Transzendenz und Differenz –. 84
In der anderen Herkunft bleiben –

73

---

[44] [Friedrich Hölderlin: Für Wilhelm Waiblinger. In: Ders.: Hölderlin: Sämtliche Werke. Zweiter Band. A.a.O., S. 352.]
[45] [Mit »Scardanelli« signierte Hölderlin seine letzten Gedichte. Die Herkunft des Namens ist unbekannt. Vgl. Hölderlin: Sämtliche Werke. Zweiter Band. A.a.O., S. 286–312.]

74 Wie unbeholfen – ohne die Hilfe der Gunst, die alles gönnt – ist unser Gehör für die Sage der Sprache.
   Der Herkunft der Sprache nach-denken –
   Her-kunft als Ur-Kunde –
   die Herkunft der Sprache ist die Sage.
   Die Sage ist nichts Sprachliches –
   Die Sage ist als das Geläut der Stille des Spiels des Welt-Sterns. Sein Spiel erspielt das Geläut, das Weltgegenden des Gevierts zueinander ruft – selber jedoch als die Stille im Entscheinen des Sterns sich zum Ratsal der Fuge enteignet.

   »*Der Einblick*«
   Das erste Leuchten des noch ungedachten Sterns in der Nahnis, des Fügenden der Welt-Spiel-Fuge. 83/

   [∗] Das Sternen-Spiel.
   helle Stunde des Erblickens des Welt-Sterns –
   Was sagt dies: den Stern *denken*? △
   Das Gelicht seines Geschmeides sich *sagen* lassen!

75 Kein Sterblicher vermag den anderen zu retten, d. h. in sein Eigenstes kommen lassen, aus sich allein. Rettung ist nur, wo die Zureichung gewährt wird, in der die Sterblichen zu einander in ihr Tun und Lassen ersterben.
   Das Eigenste aber eines Jeden ist die Enteignis in das Ratsal der Sternenfuge.
   Eigentlich – dies sagt stets: ereignet – *sind* die Sterblichen nur im Sterben.
   Das höchste Sterben, das ihnen im Leben als Leben gewährt ist: ✕
   Sterben den Tod ins Leben: ersterben in die reine Enteignis zum einenden Einen, das Alles birgt, Alles gewährt. (92 f.)
   Der Tod als der in die reine Glut der einfachen Innigkeit verlöschende Dank – wo keine blinde Verwechslung, keine trübe Vermischung –, wo nur hellste sanfte Vertauschung im Tauschen:

Empfangen das Geschenkte
Schenken das Empfangene
Nie: Wiederkehr des Gleichen; je und je:

Die Einkehr des Selben. (80)

Das sterbliche Sterben erst bringt dem Ereignis selbst das Sternenlicht zu, darin das Ereignis – unausdenklich für uns – sich selber erscheint im Entscheinen.

Der Tod als der innige Dank des Sterbens ist die stillste Sage – das Läuten der Ruhe – der Rhythmus des Ereignisses.

Der Tod und die Sprache –

Die Sterblichen – sie allein vermögen die Sprache. Die Sterblichen gehören sterbend der Enteignis – das Gehören in das Entsprechen als Ent-sagen der Sage. Im Ent-sagen gewährt sich die Enteignis als der Einblick des Einfachen der Fuge.

Denken – Dünken – Danken

Dünken und Vermuten – sich sammeln in das Muten.

Das entbergende Bergen der reinen Zu-Mutung.

Das Entscheinen währt im Scheinen, aber sich verbergend.

Das Andere: dem Denkwürdigen sich frey halten
     und: sich mit Philosophie beschäftigen.

Ἀ-Λήθεια und Λόγος

Oft wird der Bestimmung der Wahrheit als Un-verborgenheit und Entbergung entgegengehalten: *Wohin* denn öffnet sich das Unverborgene – *wofür* west das Anwesende an? Muß dafür nicht ein »Subjekt« zugebote stehen. Solche Fragen entstammen dem längst gewohnten neuzeitlichen Vorstellen, das wir als »allgemein menschliches« verstehen und ohne Bedenken in die griechische Welt zurückdeuten. Aber solches Verfahren ist bedenkenlose Willkür, die jeder Besinnung aus dem Wege geht. Allerdings bleibt es für uns *mit* das Schwerste, dem griechischen »Da-sein« nachzudenken, um zu erfahren, daß die Griechen jenes »wohin« und »wofür« nicht brauchten, weil sie von der Entbergung und deren

Anwesen so angesprochen waren, daß sie ihm *entsprachen*, in diesem Entsprechen auf *ihre* Weise sie selbst waren — entsprechen im Erblicken, Schauen, Hervorbringen, Aufstellen, in allem Erbringen das ἔργον aus dem λόγος.

Darum gibt es für sie keine Person, kein Subjekt, deshalb keine »Psychologie«. Die ψυχή gehört in den Λόγος. Was heißt ψυχή? Die Übersetzung durch »Seele« sagt nichts.

ψῦχος heißt: das Regsame, Aufheiternde, das Wesende, der Atem des »Lebens« — das Be-Lebende. Heraklit sagt (Fragment 45):

οὕτω βαθὺν, denn so tief hat das aufheiternde Wesen den Λόγος — Λόγον ἔχει — [daß dieser selbst die ψυχή »hat« — d.h. hält und versammelnd birgt.][46]

Deshalb sind die Grenzen der regsamen Aufheiterung nicht auszufinden im Durchgehen ihres Versammelnd-bergenden Wesens: ψυχῆς πείρατα ἰὼν οὐκ ἂν ἐξαύροιο, auch nicht, wenn einer jeden ihrer Wege befahren möchte πᾶσαν ἐπιπορευόμενος ὁδόν.

Wir können in die Weise des Entsprechens der Griechen nie mehr zurück. Gleichwohl ist uns in *dem*, was dieses Entsprechen gewährt, indem es dieses braucht, Etwas vorenthalten, was durch alles »Sein« und dessen Geschick hindurch | sich spart, das Geheimnis des Sichverbergens der Entbergung, das Ereignis als die Enteignis — die Vergessenheit in ihrem herkünftig anfänglichen Wesen. Der Vorenthalt verbirgt sich im *Gestell* und als dieses. Ob »man« sich — zu einzelnen lösend und ins Freie gelangend, einmal sich müht, das Wort Ge-Stell aus der Erfahrung dessen, was jetzt *ist*, zu hören, als die Versammlung des Stellens — im Sinne der Herausforderung in das Be-stellen — welche Herausforderung *überall* waltet und *nirgends* — in keinem Gegenstand und Bestand für sich genommen und doch in jedem zuvor — *über allem her.* Das Ge-Stell ist nicht fest-stellbar — so wenig wie die Nähe selber je nahbar — (46).

---

[46] [Die Fragmente der Vorsokratiker. A.a.O., 12 B 45.]

Winke I

Eine Weisung, das griechische Entsprechen zu bedenken, gibt der Blick auf das griechische Theater.

τὸ θέατρον schon bei Herodot:[47] der Ort für das Schauen. Aber »Schauen« ist nicht das neuzeitlich Gemeinte, vom Subjekt geleistete Hinsehen, sondern: das Sich-Anblicken-Lassen. Demgemäß stellt der Schauspieler nichts zu solcher Schau – weder »sich« noch die »Handlung«. Er ist ἑρμηναές – der auslegende *Antwortende* – der Entsprechende – dem, was ihn im Geschick anblickt; unsere Vorstellung | vom »Schauspieler« verschüttet ganz das Wesen des griechischen *Antwortenden* und aus solchem Wort Sagenden.

Die *also* Sagenden gehören in ein ganz anderes Spiel.

Eigentliches – [ereignet-vereignendes] Sagen ist je nur dort, wo es Sterbliche erst ins Hören ruft, zu Hörenden bildet, indem es sie – die Sterblichen – in den Bereich des zu-Sagenden einbringt, im gebauten Bereich sie wohnen läßt. (S. 1)

Ob heute ein solches Sagen noch möglich ist, das Seine und sich selber vermag, braucht das Sagen nicht zu kümmern. Genug, wenn es »ist« und dieses »ist« in seinem Wesen (v) unbekannt bleibt, gehütet nur von Wenigen in den Glanz des Sterns im Welt-Spiel.

Das Selbe des Denkens – ist das je und je Unvorhergesehene, die Sterblichen in den Hain *ihres* Selbst an-fangend Er-blickende, das sie ins Freie des Welt-Spiels bringt. »Selbst« – dies sagt: ereignet--vereignet dem Brauch zur Enteignis.

Die Nahnis als das Sternen-Spiel –: das läutende Leuchten der Stille des Dunkels aus der Fuge der Enteignis: S̶e̶y̶n̶ zurückgekehrt in die Wahrnis des Welt-Spiels, vollendet in seinem Geschick – das verwandelte »ist«. –

---

[47] [Cf. Herodoti historiae. Recognovit brevique adnotatione critica instruxit Carolus Hude. Editio tertia. Tomus posterior. Oxonii e typographeo Clarendoniano 1927, VI. 21.]

Nur wer selbst ein Sohn der Nacht ist, kann die Sterblichen aus dem Übermaß der Nacht befreien ins Freie der Heiteren, die immer die Tochter der Nacht bleibt. –

Anders wäre eine Entborgenheit, die, so jäh sie erblitzt, dem Währen des Sichverbergens sich fügt – dieses erst einbringen in das Selbe: Ereignis als Enteignis.

In der höchsten Innigkeit des Brauchens erblüht das einfache Freilassen ins Freie der zugereichten Verfugung.
Ereignis und Verfugnis
Verfugnis – Enteignis – Entscheinen –
Die ereignishafte Herkunft der eigentlichen Ver-gessenheit.

82 Die Gottheit des Gottes ist das Kommen. Ihm Zuvor: die Verwahrnis des Kommens im Ereignis.

Der höchste Gott ist der Kommende – während im Kommen – und darum je und jäh entscheinend. Das Kommen der Sterblichen ist der Dank.

Das reine Entsprechen zum Kommen, das »eigentliche« Entgegenkommen ist das ungewollte, rein geschenkte Zögern:

Die unwillentliche – weil vom Kommenden gebraucht-gerufene innehaltende Verhaltenheit, ist das hohe Entsprechen zum Kommenden aus der Stärke des Sanften.

Diese Verhaltenheit ist die Wahrnis des Kommenden in die Lichtung der sich verbergenden unnahbaren Nahnis.

»Doch sichrer ists und größer und ihrer mehr
　Die Allen Alles ist, der Mutter werth,
　　In Eile zögernd, mit des Adlers
　　　Luft, die geschwungnere Bahn zu wandeln.«
　　　　　　Stimme des Volks[48]
Die Herkunft der Gottheit aus dem Ereignis: Welt-Sage.

---

[48] [Friedrich Hölderlin: Stimme des Volks. In: Ders.: Sämtliche Werke. Zweiter Band. Gedichte nach 1800. A.a.O., S. 50.]

Der Stern im Welt-Spiel — die Einfalt seines Blickens als der Einblick — dessen Verfugnis, die das Welt-Geviert in seine Gegenden enteignet.

Die Einfalt des Sternen-Blicks als Einblick ent-faltet sich aus dem Entscheinen, das in der Enteignis beruht. Der Sternblick er-blickt die Verfugnis des Welt-Gevierts in das Ratsal.
 Nirgend ist ein nur vorhandenes und bloß anwesendes Feuer, das brennt: glühend — leuchtet.
 Die Blicke des Sternblicks sind als Blicken das Kommen — als Kommen ereignend-verfügend.
 Ereignis und Kommen: das Selbe — sie verwahren und bilden die Herkunft.

>   Alles ins Wesende, Bringende
> denken.
>   Genug des billigen Zergliederns von Niedergang und
>   Verödung in das Gedankenarme Mittelmäßige.
 Dagegen: Die Gefahr erfahren lassen — für das *Wesende* des Menschen als der *Sterblichen*.

»*Denken*« — als Rechnen, Begründen, Beweisen, Reflexion in allem Vor-stellen in seinen geschicklichen Abwandlungen — im Vor-stellen das Aus-sagen; das Thetische im weitesten Sinne.

Denken als sich sagen lassen im Brauch des Ereignisses; dies nur sagbar im Ent-sagen als Denken — in der Nachbarschaft zum Dichten; ohne Re-flexion in das Subjekt — aber be-sinnlich, sinnend das Gehören.
 Das *weisende* Denken —
 »Weise«: wissend; weisen: wissen lassen
 »wissen« (Fid): erblickt haben — d.h. angeblickt sein im Einblick
 weisendes Denken: in das Erblicktsein (in den Einblick) gelangen lassen.

Das *Vermuten* und *Dünken* – (86).

———

Die Preisgabe des Seins zugunsten des *Es gibt* – weltend – das Ding. 73. Vgl. Notturno I, 74 f.

85 δύσμορον – Hölderlin erfährt es als das »Schiksaallose« und als »unsere Schwäche«.[49]
Die Schwäche kommt aus dem Unvermögen, Geschick zu haben. Wie kann dies sein, da die Abendländischen doch und sie im besonderen »Geschichtlich« sind und sich geschichtlich wissen? Doch hier steht das Denken am Scheideweg, ohne ihn schon zu »fahren«.

»*Geschichtlich*«: kann als Geschehen vorgestellt und als Gegenstand der Historie mit dem »Historischen« identisch werden – diese Identität zeigt sich in der äußersten und durchdachten Systematik in Hegels System – alles Nachfolgende ist Ableger und Abbiegung in den »Positivismus« – die Vermischung alles dessen beherrscht das heutige Vorstellen.

»*Geschichtlich*«: kann erfahren werden aus dem Geschick, dieses jedoch nicht als »Schicksal« im Sinne der Notwendigkeit innerhalb der metaphysischen Unterscheidungen des Möglichen und Wirklichen; Geschicklich vielmehr als Versammlung im Schicken, als welches das Ereignis – sich entziehend – »Sein« – Anwesen als Unverborgenheit aufgehen und walten läßt. – Geschicklich ereignishaft erfahren.

86 δύσμορον heißt dann: unvermögend, gebraucht in das Ereignis zu gehören. –
Un-vermögen, insofern noch nicht *ins* Mögen des Ereignisses enteignet. Das Wohnen im Ereignis gewährt erst das Vermögen, sich treffen zu lassen. –

———

[49] [Friedrich Hölderlin: Anmerkungen zur Antigonä. In: Ders.: Sämtliche Werke. Fünfter Band. Übersetzungen. [Große Stuttgarter Ausgabe]. W. Kohlhammer Verlag: Stuttgart 1952, S. 270.]

Winke I

Genau dies ist die Bemühung des andenkenden, weisenden Denkens: erfahren lassen, daß kein »Wahres« erscheint und vollends nicht das Wesende der Wahrheit, solange das »Sein« und die Wahrheit als die »Wirklichkeit« in dem gesucht wird, was der Mensch vorstellend bestellt. —

Aber dies sagt: erfahren lassen die anfängliche *Eingelassenheit* der Sterblichen als der Sagenden in das brauchende Ereignis.

Das Vor-bereitende solchen Denkens — ob sie es bald in seinem Einfachen erblicken und darein einkehren.

Die Kehre in die Einkehr in die Eingelassenheit, der erst die sterbliche Gelassenheit als der *Dank* entspricht und so »die Sprache« gefunden hat.

Wie anders mögen wir den »festen Halt« erlangen, es sey denn, durch die Einkehr in das Ver-Hältnis? Wie anders mag uns die Einkehr gewahrt sein, wir in sie gerufen werden, es sey denn, wir *bereiteten* uns aus unserem Wesen für das Wesende der Einkehr, wobei wir jäh erfahren, inwiefern Einkehr und Ereignis das Selbe sind, wir aber am fernsten dem, was »das Selbe« heißt (die »Identität«). Aber das ereignende Ver-Hältnis braucht keinen Halt mehr zu geben, weil das Halten aus Anhalt, Stütze und Grund zur Hut und Huld geworden ist, die mit dem Schmerz das Selbe ist.

Bereiten die weiteste Form, aus der den Sterblichen der Einblick die Nahnis wird als der Spielblick des Welt-Sterns.

Das Denken darf der Beirrung durch das Sein (Differenz, Transzendenz) nicht ausweichen, aber zugleich muß es erfahren lernen, inwiefern es unmöglich bleibt, durch Verwindung des Seins in das Ereignis | zu gelangen. Darum gilt es, »Sein« nicht nur anders zu deuten, anders zu nennen und so noch dem Willen Vorspann leisten, der »die Metaphysik« — wer weiß weshalb — für alle Ewigkeit zu erhalten und fortschreiten zu lassen [sucht]. »Ereignis« ist niemals nur eine andere Auslegung von »Sein«; im Ereignis ist das »Sein« und Seinsgeschick enteignet in die Enteignis zum Ver-

Hältnis. Dies alles inmitten der äußersten Herrschaft des Seins als des berechenbaren Bestandes und seiner Beständigkeit, in der sich der Wechsel leicht einbauen läßt.
»Sein« *ist* nicht – im Sinne seinen eigenen Wesens. –
Doch was bleibt gewaltiger als das »Sein«?

Das Entsagen des Ereignisses aus dem Ver-Hältnis ist in sich schon ereignete Absage an das entscheinende »Sein«.
Aber das unausweichlich Schattenhafte des »Seins«?
Die Sprache – die aus ihm zu sprechen scheint.

Der *Journalist* – der hinter dem Täglichsten des Täglichen alltäglich herrennt und das Neueste des Alltages als seinen jour fixe bloß eilig kennt und nichts be-kennt.

89 Des Welt-Stern-Blickes innewerden
und in seinem Spiel innig bleiben.

Oft gedacht und spät erst dies einzige Mal erfahren: das Gewesen allein west, verschenkt das *verwandelnd* Währende. – (St)
Erst das Gewesen west, wenn wir das Denken vermögen, das je und je das Gewesene *an*-denkt und so sich sagen läßt, wie das eigene Wesen im Gewesenen versagte, im Ungenügen und in der Verstörung zurück blieb – indes es auf den Augenblick sich bereitet, da die im Denken langsam gewachsene, weil in einem verborgenen anfänglichen Dank wurzelnde Liebe, stets wach und wachend für das Welt-Spiel die ihm zugereichte Erde erlangt und, das Selbe bleibend, zugleich die Liebe als die Er-Gänzung empfängt und wissen lernt, daß also Geschenktes Geschenk *geblieben* wäre, auch wenn es ohne Gegengabe hätte bleiben müssen. Der Weg des Denkenden in *seine* »sieben Jahre«. Die jähe und die langsame Er-Gänzung »des Mangels«.

90 Daß ein Sagender sprechen muß und schreiben, um schweigen zu können, statt das stille Sagen einfach zu sein. Aber Laut und

Schrift sind »Körperliches« der holden Erde und warten selbst auf die Einkehr ins *erdige* Sagen.

»*Holzwege*«⁵⁰ – Zwei Sachen bedürfen der Er-Gänzung: das Ganz Andere zum »Ursprung des Kunstwerkes« sagen; und das Ganz Andere im Denken Nietzsches.

Der einzige große Mensch, der bis heute *Nietzsche* verstanden, d. h. inständig geworden ist in diesem denkenden Dasein bleibt: *Antoine de Saint-Exupéry*.
Aber die Welt des französischen, d. h. humanistisch-moralischen Vorstellens macht es ihm schwer, das von ihm Erfahrene und Gesuchte in die Weite eines anfänglichen Denkens zu bringen. Immer drängt sich »der Mensch« in die Mitte und er meint doch anderes als nur den Menschen, meint den *Bezug* zum Anderen. Oft bleibt alles dem Anschein nach in der »Psychologie« hängen.

Die größte Täuschung – zu meinen, der Mensch könne durch seine »Vernunft« die Welt retten.

91

Wo kein Gott erscheint und die Erde nicht, in ihr Unversehrliches befreit, Ihm entgegenblüht, ist kein Wohnen der Sterblichen. Kein Erscheinen aber und kein Blühen, solange die Sage nicht die Stille stillt. Die Sage rufen im Ent-sagen.
Dies aber ist der Pfad des Denkens.

Am Ende, d. h. aus dem Anfang *wissen* wir nur das, was uns der Schmerz in die klare Milde des Eigentums übergibt.

Der *Schmerz* löst uns in die – und trägt uns in der eigentlichen *Ver-Ant-wortung*.

---

⁵⁰ [Martin Heidegger: Holzwege. GA 5. Hrsg. von Friedrich-Wilhelm von Herrmann. Frankfurt am Main 2/2003.]

Die sagt – daß wir alles in das Entgegnende Wort des Ent-sagens einbringen. Die Ver-ant-wortung lichtet und läßt schwingen das Band, das uns schon vor unserem Wissen davon in das gebunden hat, dem wir gehören.

92 Darum entspringt die Verantwortung nicht dem Wollen, sondern der Wille als Ver-mögen ruht in der Ver-ant-wortung. Dieser Name muß nur erst den verengten und vertrockneten Sinn abstreifen, den ihm eine moralistische Auslegung eingelegt hat.
Ver-antwortung entwächst dem Schmerz. Der Schmerz wird erdig durch die Verantwortung.

Alles Sagen der Sterblichen bleibt ein *Nach*-sagen: *der Sage*. Sie ist das Geläut der Stille im Welt-Gebirg (»Sprache« und Tod), welche Stille als die Meeres-Stille die Heitere der Ruhe ins »Leben« der Sterblichen einschmiegt. 75 f.

»Der Tod und das Mädchen«.
Der Tod und die Sage.

Der Sternen-Blick im Welt-Gebirg –

Sie wollen »das Leben« »erleben«:
Wir Sterbliche vermögen Es »nur« – zu *er-sterben*.

93 Das Anblicken in Augen-Blicken empfängt sein stilles Licht und seine milde Glut allein aus dem Einblick. Er läßt uns das Selbe erblicken und webt so die goldenen Stricke, die uns – weil sie die lösend-lassenden Bande sind – nie ins Ungemäße verstricken können.

Wann immer wir das Denken mit dem Andenken an den Menschen beginnen, müssen wir zuvor den Menschen als den Sterblichen erfahren haben, aus dessen Sein – »zum Tode«.
Der Tod ist das Welt-Gebirg, das dem Meer des Lebens entragt,

welches Meer an jenem Gebirg seine unablässige Brandung findet, deren Wogen den Sterblichen die Sage auf ihre Erde tragen.

Man bedenkt es immer noch nicht:

Dies einfache Einkehren in das reine Ver-Hältnis: der Mensch *ist* als der Sterbliche der An-fang — der An-gefangene, weil Gebrauchte im Ereignis. Das Ereignis selbst erblicken wir zuerst, d. h. verschleiert im eigentlich ge-dachten, d. h. verdankten An-fang. Um dieses Einkehren | müht sich »Sein und Zeit« und nur darum. Aber diese Einkehr vermag nur langsam der reinen Jähe zu nahen, da sie einfach verfährt und es übernimmt, daß sie die Metaphysik als das Geschick *des* Seins — des Seins, das Es *nur* als dieses Geschick gibt — hinter sich gelassen hat. Die Einkehr in das Selbe.

Der Tod ist *der* Schmerz: das Gewind der Trauer und der Freude in die reine Nähe aus dem Ver-Hältnis des einzigen Anfangs.

Der Tod und der Schmerz.

Der Schmerz und die Freyheit, freyend den Einklang des Welt-Spiels im Geläut der Stille.

Die Freyheit und die Sage

die Sage und der Tod.

Der Stern-Blick der Stille.

Wann ist uns Sterblichen der Tod am nächsten nah und rein? Im *lebendsten* Leben, da es in Augen-Blicken ein eigentliches Ersterben in die Enteignis bleiben darf.

Das »Gewirk« der Wahrnis des Währenden.

✕ *Alles aus dem Ereignis denken!*

Geschick — denke dies als die Versammlung des Schickens (bereitendes Senden und Geben [Es gibt]) aus dem Ereignis und als dieses selber, insofern Es — die Enteignis — dieses Enteignen erbringt in der Weise der Vergessenheit des Sichverbergens.

Inwiefern ruht im Ereignis Entbergen und Sichverbergen — deutlicher entfalten.

Inwiefern jene Vergessenheit »Sein« qua Anwesen ergibt. Anwesen und Unverborgenheit.

Seinsgeschick besagt niemals: Sein hat eine Geschichte und ein Geschick. Geschick als Ereignis »ist« selber das ~~Seyn~~. Dieses jedoch kommt als Geschick »nur« in der Weise des »Seins« (Anwesen ...) zum Vorschein. Vor-schein gäbe es nicht, hätte nicht das Ereignis schon den Zeit-Spiel-Raum erbracht, in den *vor* »Sein« als »Scheinen« scheint.

Was »Seinsgeschick« eigentlich sagt, läßt sich rein nur aus dem Ereignis denken, nie aus der Metaphysik, d. h. aus keiner Vorstellung von »Sein« und »Geschichte«.

Darum sind die Mißdeutungen notwendig. 107.

96 Von der φύσις zur Kern*physik* – Dies ist keine Historie, verlaufend durch Jahrhunderte, sondern das in sein Wesen eingekehrte Geschick, das Ereignis als Welt-Augen-Blick, der uns anblickt – der Einblick, der uns zu sich eindenkt, auch wenn wir noch ins Vorstellen und Begründen verhaftet, dem Weg solchen ent-sagenden Denkens ausweichen.

Φύσις bleibt das Hauptwort für das »Sein«, denn in φύσις (φάος Licht) ist das zwiefache eingefaltet: Aufgehen: Entbergen: Ἀλήθεια
$$\updownarrow$$
An-währen: Sein : ἐόν

Die Umprägung der φύσις zur *Natura rerum*; natura – Geburt – Zur-Welt-bringen; aber von φύσις her drängt sich vor »das Währende«, das Bleibende eines Anwesenden – seine »Natur«.

Das Unheimliche des Ge-Stells: daß es das Bestellen stellt – nicht zur Herstellung eines ständigen Bestandes, sondern zur *Bestellbarkeit*, die sich schon den Ersatz bestellt und so den Verzehr betreibt. Dies alles jedoch und so die lautlose Macht des Gestells / sich *verstellt* durch die Herrschaft des Bestandlosen. 104

97 Die Versammlung ins eigenste Wesen so, daß es frey wird in die Enteignis. Dies ist un-endlich Anderes als die sonst gesuchte Glückseligkeit: Enteignis in die Verheyterung des Schmerzes: das Ge-Birg im Sternenlicht.

Die Stille — stillt: 106
 erbringt die Ruhe als Versammlung (Ge-Birg) der Be-wēgung der Gebrauchten;
 erfüllt das Verlangen, läßt in die Fülle gelangen die Belangten;
 vergibt das Lautlose dem Hören der Gehörenden, läßt darin erst den Klang der Stimme erklingen, die alles ⨯
 be-stimmt;
 enteignet ins Eigentum der Freyheit, die der Schmerz hütet;
 läßt währen den jedem eigenen, eigentlichen Anfang. 109

Sanftmut — Quell des Sanften — ist Hören Können in das Rufen der Verlangenden; ist Geleit.

Das »als« — oft bedacht seit »Sein und Zeit« und nie genug. 98
 Zunächst von der Aussage her: etwas als etwas sagen; (das als »attributiv«, »prädikativ«); aber im Hinblick auf das »ontologische« »als«: Seiendes *als* Seiendes; das auf das Seiende in dessen Sein zurückweisende, in das *Sein des* Seienden weisende »als«: die Verstrickung in die Differenz. Daraus der Strick des Unter-Schieds. Er fesselt lange Zeit das andere Denken in das, was es in Wahrheit schon hinter sich gelassen.
 Erst jetzt die *freye* Be-freyung ins Eigenste — der gelassenen Enteignis.
 Das unentbehrliche »als« erlangt seinen ereignismäßigen Sinn.
 »als« mhd. »also«, d. h. all = ganz so ... demonstrativ —
   = ganz wie ... relativ.
 [vgl. sowohl — als (wie) auch ...]
 Das vergleichende, das attributive, das prädikative »als«:
 — er ist als Bettler gestorben.
 Dieses »als« trifft nicht den Sinn des ᾗ und des »qua« in der ausgezeichneten Wendung: ὄν ᾗ ὄν, ens qua ens. Hier bleiben ᾗ und »qua« das Denk- | würdige; ᾗ, qua, besagen hier: insofern; doch 99 was sagt dies? In diesen unscheinbaren Wörtern ᾗ, qua, als — die nie das Gleiche sagen — verbirgt sich alles Fragwürdige der Metaphysik: die Vergessenheit des Austrags.

Wie aber ist das ereignismäßige »als« zu denken? »Als«: d.h. ganz wie ... somit: im Ganzen, aus der Gänze wie. Demnach: in der Gänze aus der Weise des Ereignisses. Das Ereignis jedoch die Weise selber – das Lied der Stimme der Stille. Diese ist die *Form* für das ereignismäßige »insofern«. Diese Form ist die Weite der Nahnis.
Die »Sprache« des Ereignisses.
Eigentliches Sagen darf nur die alte Sprache sprechen, aber nie altertümelnd, sondern eigentümlich aus dem Eigensten des Ereignisses – aus der Sage.

»Avantgardisten« – sind die Nachzügler des schon Vergangenen, nie Vor-gänger des Gewesenen.
Gänger nur wo Gang; Gang nur wo Weg; Weg nur wo Be--wēgung; Be-wēgung nur aus Ereignis.

100 *Tun* – vgl. 111 – unser altes Wort tuon ist mißbraucht; wir hören und sprechen es nur noch im Sinne von Tätigkeit und Aktion. »Was sollen wir tun?« Wo und wie uns betätigen? vgl. ob. 48, 65 ff.
Zu bedenken bleibt: vgl. u. S. 136
Sagen wir tun *griechisch* τιθέναι *oder römisch*: agere ... Tun heißt anfänglich: zum Beispiel: in die Schale *tun* – d.h. legen, dort liegen, ruhen, dorthin gehören und dorther an-währen *lassen*. Das Tun ist eigentlich ein Lassen. Das eigentliche Lassen ist das Freygeben in die Freye; be-freyen ✕.
Inwiefern ist das entsagende Denken eigentliches Tun? Freygeben in das Es gibt der Enteignis.
Indes sprechen wir das »Tun«, die Tätigkeit längst römisch – im Sinne der Aktivität und Action.
Tun als agere; d.h. antreiben, vor-sich-her-stoßen, vor-wärts treiben – der Betrieb.
agolum: pastorale baculum, quo pecudes aguntur.[51] (Festus, la-

---

[51] [Sexti Pompei Festi de verborum significatu quae supersunt cum Pauli epitome. Pars I. Edidit Aemilius Thewrewk de Ponor. Budapestini sumptibus Academiae Litterarum Hungarice 1889, p. 21.]

teinischer Grammatiker) Der Stecken, womit die Hirten das Vieh antreiben; ἀγέλη, griechisch die Viehherde.

ἄγειν – φέρειν – darf gleichwohl nicht römisch von agere her gedeutet werden. Der eigentliche Hirt ist kein Antreiber. Aber – Deus: actus purus.

Tun als Lassen. Woher vermögen wir das Tun? Griechenland.   101
   Tun als Tätigkeit. Was sollen wir tun? Römisches Abendland.
   Tun als Be-freyen. Wie braucht Es unser Tun? – ✕

Der Dank: das enteignende Denken ✕   vgl. 102
   die denkende Enteignung.
Enteignung – (sterblich Tun als Be-freyen)
   └)(→ in die Enteignis
      ✕

Gegen-Wart im Augen-Blick
Augen-Blick im Ein-Blick
Ein-Blick aus Enteignis.
Enteignis in die Lichtstille des Meersterns.
     ✕

Der Schmerz:
   Das Blick-Gebirg der reinen Weite der Nahnis.

Der *Brauch* im Ereignis verbraucht die Gebrauchten in die Enteignis zum Anfang. Er ist der Währende des Welt-Spieles.

Dank – in der alten Sprache gebraucht für Gedank (Gedachtes)   102
und Denken.
   – einem danken: – aus der Gegenliebe-Kommen.
   Im Dank das Ent-gegen –
   Jeder Dank ist aus der Zureichung angefangen.

Nur die vom Selben Erblickten wohnen im Zu-einander, bauen am Wachstum der Gärten des Gehörens.

Empfangen ist kein Nehmen, sondern Geben: Hingabe in die Herkunft des Ver-Hältnisses.

Das eigene, längst gestiftete Selbst finden, um es nie mehr preiszugeben. Darin erwacht und gedeiht die Treue – ohne Warum, ohne Wille – als gestilltes Gehören.
    Gedeihen in das Gediegene eines Brauches.

Dichtende wohnen im Gleichnis.
    Denkende bauen am Selbnis.
    Wohnend – bauend ist der Dank.

103   Damit die Maschinen einst unsichtbar und zu Verwandten der Dinge werden, muß erst zuvor eine *andere Sicht* gelichtet sein, darin der Mensch sich als den Sterblichen sichtet: *sichten*: erblicken zumal und sammeln.

Im Bereich des Einblicks wird das Denken vor die *einfachen Anblicke* gerufen, Anblicke: Sicheinander aus dem Sichverbergen, das als dieses blickt, blickend in seine eigene Tiefe ruft, weder nur glänzt, noch nur glüht, noch nur in beidem sich genügt. Anblicke, die verlangen, im Unsichtbaren zu bleiben – also ist reines Übereignen – P und die Dinge. Perlen und Bücher, Ring und Meer, Baum und Berg.

Erneuern heißt: den Anfang währen lassen – die Neugier zerstört jede Möglichkeit des Erneuerns.

Wohne im Selben; geh vorbei am Gleichen. Wohne als Bauender.

104   Im Bezirk des Gestelles gibt es nur noch Angestellte und die Jagd nach Stellen, die nie Ort sein können.
    Die Angestellten im Gestell. 96.
    Die Gebrauchten im Ereignis.
    Die Angestellten des Kulturbetriebs. Was sie alles anstellen

müssen – um das bestandlose Bestellen der Bestände auszustehen, was das Gestell braucht, damit es zu seiner Zeit als der vorausgeworfene Schatten des Ereignisses erfahren werden kann. 98.

———

Die letzte Phase der Verendung der Philosophie in das rechnende »Denken« ist die ihm entsprechende Moralpredigt; das Appellieren an die »Vernunft« und »Freiheit« *des* Menschen. –

Welches Menschen? Desjenigen, der seine ganze Vernünftigkeit, d. h. Rationalität und Rechnerei in das Ge-Stell preisgegeben hat.

Und was soll dessen »Vernunft« noch ausrichten –, wenn ihm auch noch seine »Metaphysik« als bloße Spielerei mit Chiffren[52] vorgerechnet wird? Wofür hat Nietzsche gelitten?

Welt (Ereignis der Enteignis des Gevierts) »ist« die Bedingnis der Dinge. Die Dinge »sind« – als Bedingnis. Es gibt keinen »Unterschied« zwischen Welt und Ding. Das Selbe beruht darin, daß sie das Selbe sind. Das Selbe: die Sage; »sind«, d. h. gestillt in das Ver-Hältnis der Fuge. 105

Das Wesen im Sinne des Wesend*en* ist nie das Allgemeine im Unterschied zum Mannigfaltigen, das Wesende ist das je Weilige der Weile des Ereignisses.

Die alten Worte φύσις, λόγος, μοῖρα, ἀλήθεια haben zuvor schon das inzwischen verödete und vernutzte Wort »Sein« in das Denkwürdige einbehalten. Vgl. ob. 96.

Der Über-Fluß ist der Reichtum des Selben.
Das Über-fließen ist Ereignis aus der Enteignis in das Ver-Hältnis des Ratsals im Welt-Spiel-Stern.
Der Reichtum aus dem Bereich des Über-flusses.
Der Be-reich als das Wesende der Sage.

———

[52] [Vgl. Karl Jaspers: Philosophie. Springer Verlag: Berlin, Göttingen und Heidelberg 2/1948. Vor allem das dritte Buch »Metaphysik« beschäftigt sich mit dem »Wesen der Chiffren«.]

[Zu »reich« – siehe den Vortrag Stefan Georges Gedicht »Das Wort«.]⁵³

106 Das Fest der Gelassenheit ins Einfache. 109.

Ἀ-Λήθεια –
Unvergeßlich, unausdenklich bleibt die Sage dieses Wortes, wenn wir in ihr den Anklang hören, darin das Geläut der Stille erklingt: das Ereignis als die Enteignis
   aus dem Ver-Hältnis des Welt-Spiels
      in den Schmerz
        der Fuge
      des Be-reiches
     aus Überfluß
     an Nahnis
    zum Brunnen
P   der Stille.   97.

Der dankende Blick vermag schon in der Ἀ-Λήθεια die frühe Dämmerung zu sehen, darin das Ereignis (erst nur Entbergen) als die Enteignis (erst nur Verbergen) zum fernen Scheinen kommt. Dies

107 alles jedoch nur, insofern die Ἀ-Λήθεια als die | Entbergung des Sichverbergens erfahren ist, wobei die Entbergung in das Sichverbergen gehört, aus diesem verschenkt ist. Hier wohnt die Herkunft des Geschenkes, als welches das *Anwesen* gewährt, d. h. Sein geschickt ist. Schicken aus Bringen. Im Seinsgeschick denke das Geschenk von Anwesen das Er-eignis als Enteignis in sich, Es, das Gebende. –
Es gibt: Anwesen. *Es* gibt: Sein. 95.

⁵³ [Heidegger: Das Wort. In: Ders.: Unterwegs zur Sprache. GA 12. A.a.O., S. 205–225.]

Sein »*ist*« nur im Es gibt. Im Zeit-Spiel-Raum des Es gibt – gibt Es Begebenheiten: Geschichte – was sich begibt und ergibt.

»Sein« ist gewährt: währt in der Ἀ-Λήθεια – die ist – aus ihrem Wesenden gedacht – der Zeit-Spiel-Raum für die »Modalitäten« des Seins: die Möglichkeit, die Wirklichkeit und die Notwendigkeit. 109

Indes verlangt das Ereignende in der Ἀ-Λήθεια ein noch gemäßeres Denken, das schon in der Übersetzung sichtbar wird:
Ἀ-Λήθεια
Entbergung aus [Sichverbergen]
Entbergung im [Sichverbergen]
Entbergung *des* Sichverbergens
Sichverbergen als Entbergen: Erbringen, Gabe im Es gibt.

Indes wäre es irrig, das Ereignis aus der Ἀ-Λήθεια her zu erklären, statt durch die Einkehr in das Selbe die Ἀ-Λήθεια als in das Ereignis gehörig zu erfahren. 108

Im Hinblick auf die Ἀ-Λήθεια als Lichtung des Sichverbergens möchte das Vorstellen die Enthüllung als das Ereignis und die Verschleierung als die Enteignis fassen. So würden beide, Ἀλήθεια und Ereignis, auf eine ungemäße Weise zerlegt und dem Formalismus eines dialektischen Rechnens überantwortet, mit dem Anschein, daß doch mit dem Enthüllen durch Verschleierung ein wesentlicher Sachverhalt getroffen sein könnte, der sogar das Sagen im Sinne des Entsagens kennzeichnet.

Ent-sagen als die Einfalt ins Einfache der Enteignis. Das aus ihm selber – d. h. ihm *als* gebrauchten – spielende-ent-sagende Denken ist am schwersten – solange es sich selbst hemmt durch die Bemühung, die Auseinandersetzung mit der Metaphysik für einen Weg zu halten, der in das ent-sagende Denken führen könnte. Auch der *Sprung* bleibt eine von der Metaphysik eingeredete Machenschaft des Denkens. (113)

Reines Geschenk der Gelassenheit ist das Vermögen, zu *weilen* im Augen-Blick, der enteignet in das Entfluten des Meeres zur Stille der Quelle. 109

Nahnis ist das Verweilen des Überflusses des Möglichen.
In »Sein und Zeit« (1927), S. 38, heißt es: »Höher als die Wirklichkeit steht die *Möglichkeit*.«⁵⁴ In welche Dimension, in welchen Bereich gehört das »Stehen« und die Stufung der Modalitäten des »Seins«? Worin anders als in das während-Gewährende, das »Sein«, Anwesen – vergibt? 107.

Das Mögliche im Überfluß ist jedoch nicht das Unbestimmte, Zufällige; es ist be-stimmt durch die Stimme der Einfalt, die alle Fülle in den Schleier des Einfachen hüllt und nur verhüllend entbirgt.

Der Tanz – ist das Echo, die Stimme des Ge-Birgs der Ruhe im Welt-Spiel, ist das ent-sagende Widerspiel des Be-Ruhens, das anfänglich das Ver-Hältnis aus der Ruhe in die Ver-Haltenheit des Gevierts fügt. [Echo – ist die Bergnymphe, die von Pan geliebt, sich in die Stimme des Ge-birgs und seiner Schluchten verwandelt.]⁵⁵

110 *Sagen*, sagen heißt: zeigen, sehen –, erblicken lassen die Gelassenheit zum Einblick, der uns anblickt.

Das anfängliche Wort im gemäßen Sagen stellt weder das Gesagte unverhüllt vor, noch verstellt es dieses – sondern lichtet das sich erhüllende Wesen der Dinge – ihre, der Dinge, Vereignung in die Enteignis. Nur das »Wort« der grammatisch vorgestellten und dem rechnenden Denken dienstbaren Sprache scheint die Macht zu haben, alles sogleich zu erklären.

Der enteignende Zug im ereigneten Wort.
Dieses bleibt so selten wie gewagt.

Weil die Fuge des Ereignisses in sich ab-gründig ist – das Denken somit nie auf einen Grund kommt, ist nicht zu befürchten, daß

---

⁵⁴ [Heidegger: Sein und Zeit. GA 2. A.a.O., S. 51.]
⁵⁵ [Longos: Daphnis und Chloe. Aus dem Griechischen übersetzt durch Johann Georg Krabinger. Joseph Thomann: Landshut 1809, S. 99.]

Winke I 73

ein gemäßes Sagen je das Unsagbare auch nur anrühren könnte.
Das Ent-sagen läßt das Unsagbare in seiner Entrückung nahe sein.

Zur *Philosophie* gehören: Idee, Begriff, Wissenschaft, System.
Das *Denken* aber gehört in den Dank, *ist* dessen Weise.

Tun – ist weder Tätigkeit, noch Wirken, noch Handeln. 111
Tun ist Gewähren-lassen – daß Es sich im Ereignis als Enteignis ereigne und währe.

Wie also – wenn *das Sagen* als Entsagen der Sage aus ihrer Herkunft doch das höchste, weil stillste – alles nur vor-bereitende *Tun* wäre? ° [Dann wäre die geläufige Unterscheidung λόγῳ – ἔργῳ schon ins Flache weggeglitten; oder gehören beide, griechisch gedacht, doch zueinander?]

° Also sind die Sagenden zu-gesagt der Stille, ent-eignet in das Währen anfänglicher Einkehr in das Selbe.

Der immer währende An-Fang der Stille: *der Tod*. Das Fest der Enteignis zur Einkehr in das Selbe als der Ruhe der Be-wegung im Reichtum des Welt-Spiels.

Das Eigenste eines jeden der Sterblichen ist – in der Möglichkeit – der Tod. Als das Eigenste birgt es das Versprechen des Eigentlichen –: das Gehören in das Ereignis, welches Gehören als Eigenstes – | dem zugereichten Eigensten vereignet ist und sich 112 nur als das vollendete Sichfinden im Einzigen ereignen kann.

Der Tod – die verborgenste Fuge der Wahrnis der Einzigkeit gebrauchter ✕ kommenden Wohnens.

Woher dieses Unvermögen, der Herkunft der Ἀ-Λήθεια nachzudenken? Daher, daß uns bislang die Einkehr in das Ereignis als die Enteignis versagt geblieben. Darum nimmt man die Ἀλήθεια als Unverborgenheit wie einen vorhandenen Zustand, darin die Beseitigung aller Verborgenheit erfolgt ist. Allein, so genommen, dürfte die Ἀλήθεια nicht einmal die »Lichtung« heißen; denn diese ist der

Ort des freien Offenen und zwar inmitten des sie umstehenden in der Weise des Verbergens und Verstellens. In der *Un*verborgenheit waltet, was schon das α-privativum anzeigt, der notwendige Bezug zum Verborgenen als Sichverbergen, daraus alle Entbergung sich nährt, dahin sie gehört.

113 Wenn die Sage das Geläut der Stille ist und als dieses die Fuge des Ver-Hältnisses, dann vermag sterbliches Sagen, das die Sprache überall der Ereignis ent-sagt, den Einblick des Welt-Spiel-Sterns zu rufen und so am anfänglichen Wohnen der Menschen zu bauen, daß sich die Verwandlung des Gehörens bereitet und eigentliche Einkehr in das Selbe gedacht unter den einander zugereichten Sterblichen.

Das Unzureichende des *Sprunges* – (vgl. Der Satz vom Grund)
Nur für den Versuch, *von der Metaphysik her* in das entsagende Denken zu gelangen, legt sich der Sprung nahe als Absprung, der nur bis an den Ab-Grund reicht – der, wie immer, dem Grund – dem Sein als Grund verhaftet bleibt.

Wo aber anfänglich der Grund als das Wesende des Seins mit diesem selber vergessen ist und schon der Zuspruch des Ereignisses *im* Ereignis gehört wird, bedarf es keines Sprunges mehr. Verlangt ist das ganz Andere: die Schweigsamkeit in das Schmükkende der Sage, die das Ent-sagen als das gehörende Hören braucht.

114 *Dialektik* – Inwiefern ist sie auf das Dreifache der Thesis, Antithesis und Synthesis angewiesen? Inwiefern ist sie allein im Bezirk des »Seins« und des »Denkens« als Vorstellen möglich und dem *Satz* im Sinne der abwandelbaren Aussage verhaftet? Das Satzmäßige in Thesis …

Woher kommt die überall vollziehbare Ausweitung der Dialektik in einen unbegrenzten Formalismus? Aus der sich ständig selbst bekräftigenden Vorherrschaft des *Aussage*charakters alles Sagens. Und woher dieser? Aus der Vormacht des Vorhandenen als des vermeintlich wahrhaft Währenden. Aber dieses und sein

Winke I

Währen gehören in das Weilen des *je* weiligen der Dinge, die nie gleichförmig anwesen, sondern stets im verborgenen einfachen Glanz ihres je und je verschenkbaren, unerschöpflichen Reichtums weilen und entweilen in eine stille wartende Gegen-wart. Anwesen als Vorhandenheit und Anwesen als je-weilende Gegenwart gehören in das selbe Weltspiel, sind aber nie das Gleiche. Das Verschiedene ihrer »Weisen« verlangt das feine Gehör derjenigen, die als Gebrauchte ins Weltspiel gehören. So läßt sich dann das je-weilende-entweilende | der einfachen Dinge, deren Herkunft aus der Bedingnis, als welche das Geläut der Stille alle Tage, alle Stunden des Sternenganges zu sich ruft, nie in der abgesonderten, stückweise gereihten Aussage sagen, d. h. denken, d. h. er-fahren, d. h. verwähren in das Gedächtnis des alle Tage dankbaren Dankes.

Ist die innere Grenze des bloßen Aussagens, das sich an das Vorhandene und jetzt als die Bestände des Bestellbaren kettet, einmal erkannt, dann ist auch die vermeintliche Macht des grenzenlosen Formalismus der Dialektik gebannt. Diese mag sich des entsagend Gesagten, der Sage des Ereignisses bemächtigen – dieses bleibt unberührbar – und bedarf doch der wachsamen Hut.

Indes hat sich das Ereignis aller dialektischen Vernehmung schon entzogen; denn es ist Ereignis der Enteignis des Gevierts in die Ruhe des Ver-Hältnisses. Das Geviert – durchläutet von der Stille – ruft versammelnd in die Enteignis, aus der und in der alle Gegenwart die je und je andere der einigen Vier gedeiht.

Nie auch herrscht unter diesen und ihrer Einfalt das Gleichförmige so, als müßten mit dem Ereignen der Sterblichen, mit dem Brauch dieser in den Schmerz der Fuge, auch schon die Götter in eine neue Gegenwart gerufen und darin er-baut sein zur weilend--entweilenden Gestalt; gleich als müßte mit der Enteignis von Erde und Himmel nach der Weise des Gestells, als müßte mit der so bestellten Verödung der Welt in das bloß Einförmige des Technischen auch zugleich dem Menschen das Wesende seiner eigentlichen Sterblichkeit versagt sein, während doch in der Vermassung des Todes und mit dessen Einebnung in das grobe Umkommen ein Wink sich regen könnte in das Vermögen des Sterbens, in die Möglichkeit, anfänglich in die Sterblichkeit einzugehen.

Die Bedingnis der Dinge als das Ver-Hältnis.
  Ereignis ist je stets Ereignis im Ver-Hältnis; je stets die Fuge des Gevierts; je stets Enteignis in den Schmerz der Fuge. Ereignis läutet die Stille. Die Ruhe der Rose – die Rose der Ruhe.

117 Das Ereignis ist die Glocke der Stille:

Wie abgeschnitten sind wir von dem sanften Spielen der Sprache. Die Grasmücke hat gewiß nichts mit der Mücke zu tun. Womit sonst? grasa-smuko – das Vögelchen, das sich einsmügt ins Gras der Wiese.

Jedes Ding ein Schmuck der Stille, Zier der Fuge, Glanz der Einfalt, Ruf des Sterns.

Inständig im Ver-Hältnis sagen die Sterblichen die Innigkeit der Fuge, *ist* Sage ╳.

Die Ἀ-Λήθεια – anfänglich erfahren im entsagenden Denken – möchte kein bloßes Ärgernis bleiben für die Philosophie, sondern sie möchte werden, was sie ist: die Ur-Kunde für die Sprache des Welt-Spiels aus dem Ereignis.
  Die Ἀ-Λήθεια – aus dem Ereignis gedacht – löst sich sowohl von
118 dem, was als »die Wahrheit« | der Erkenntnis vorgestellt wird, als auch von dem, was unter dem Titel »Sein« die Metaphysik angeht. Diese Loslösung ergibt sich aus der rein erdhaften Entfaltung des entsagenden Denkens. Bisher hing auch dieses noch in der Verklammerung der Ἀ-Λήθεια mit der »Wahrheit«[56] und dem »Sein«. Vgl. S. 86.

---

[56] [Hier verweist ein Pfeil auf den Zeilenbeginn »Nüchtern erblickt, ...« in Ziffer 119.]

Winke I

Die Rede vom *eigentlichen Denken* möchte sagen: das Denken bleibe aus dem Ereignis in dieses geheißen, aus ihm bestimmt. Die Rede will nicht sagen: vor dem eigentlichen Denken sei nie gedacht worden. Die ganze Metaphysik ist ein Denken und zwar das gründend-begründende und darum rechnende Denken. Es entspricht seiner Bestimmung auf seine Weise. Aber diese Bestimmung ergibt sich nicht im Ereignis als dieses – sondern aus dem Sein, d. h. aus dem Grund.

Vom eigentlichen Denken her gesehen, ist die Metaphysik *un--eigentliches Denken*. Dies enthält keine Abwertung – sagt vielmehr: daß schon die Metaphysik im verborgenen Ereignis west, aber von sich her und für | sich unbedürftig ist des Ereignisses – weil gegründet in das Sein als Grund.

So ist es denn keine Anmaßung zu sagen:

das höchste Tun ist das eigentliche Denken – insofern wir Tun – als *Lassen* aus der Gelassenheit in die be-fugte Be-freyung erfahren.

x

Nüchtern erblickt, hat die *Ἀ-Λήθεια* weder mit der »Wahrheit« zu *tun*, noch mit dem »Sein«. Weil man aber von Wahrheit als Richtigkeit und Gewißheit und vom Sein her rechnet, bleibt die Un-verborgenheit befremdlich. Man weicht ihr aus – d. h. der Zumutung, ihrem Wesen nachzudenken und *dabei* sich in eine Verwandlung des Denkens einzulassen – das aus dem zuvor-Kommenden Vorenthalt des Ereignisses, darin sie die Herkunft hat, gebraucht ist. 122.

Sich zu lösen von Sein und Wahrheit vermag das Denken nur, wenn es – ohne sein Zutun – schon enteignet ist in den Rhythmus des Welt-Spiels. Aber das *Zu*-Tun.

o

(..) Gewahrnis – Hören wir im Blick auf die *Sache* des Denkens, das Ereignis – die Worte Gewahrnis und Gewährnis – dann sagen sie das Selbe wie Ereignis und Ver-Hältnis und bleiben zugleich in einem Bezug zu Wahr-heit und Ἀ-Λήθεια – Ge-wahren: er-blicken – er-äugen – aber zugleich verwahren – bergen – hüten – aufbewahren – bewahren für … die Enteignis – [be-wahren – weniger und gar nicht in der Hinsicht von Gewahrsam, Sicherung – Sicherstellen – dies die römisch-bestimmte Bedeutungsrichtung des Wortes, an die das *Denken* sich keineswegs zu halten braucht, wenn *anderes* verlangt, in dieses Wort und zu ihm zu kommen.]

[Hier die Besinnung auf den eigentlichen Sinn der Frey-heit der »Etymologie«, die als Titel und wissenschaftliche Disziplin alles in einem ungemäßen Bezirk abdrängt – ausführlicher zu durchdenken!]

Gewahrnis – als er-blickender-brauchender Einblick des Ereignisses in sich Versammlung in das Bewahren – Auf-behalten in das Zuvor-Kommen.

121 Diese so zu denkende Gewahrnis aber hat ihre Her-Kunft in der Ge-währnis als der ereignenden Enteignis.
In der Gewährnis beruht die Be-Fugnis.

In der Gewahrnis als Ereignis blickt die Fuge – das Feuer – Licht und Glanz und Schein – als lichtender Blitz –
der währende Blitz –
Die Be-Fugnis *fügt* das Denken als Ent-sagen, gibt ihm das Gefüge, geleitet es in *sein Tun.*
»Tun« jedoch nicht als Wirken und Handeln als Aktion. ob. (100)
Befremdlich bleibt für das metaphysische Vorstellen: das Ereignis – als *Blicken.*
Sonst unterlegt man dem ersten Grund, der prima causa eine Vernunft – die vernimmt – aber Ver-nehmen braucht Lichte und Lichtung.
Ἀ-Λήθεια und *Ein-blick* –

»*Sache*«: das, was von sich her die *Er-Örterung* verlangt. Dieses Verlangen ruht im Ereignis; die Erörterung folgt der Ent-eignis.

Mit der Be-fugnis zum Sich-lösen des Denkens vom »Sein« und der 122
»Wahrheit« wird die Frage nach der Wahrheit des Seins, und das
hieß nach dem Wesen der »Differenz«, und die Bemühung um das
Bestimmen des Unterschiedes hinfällig.

Die Fesselung des Denkens an die Frage nach der »Differenz«
erweist sich jetzt als die hartnäckigste, gegen das eigenste Suchen
gerichtete Verhaftung in die Metaphysik.

Die Frage nach der Differenz muß der Metaphysik als deren
eigene Begrenzung überlassen bleiben. Gleichwohl war der Blick
in das Ungedachte des Unterschiedes eine (oder die?) Veranlassung,
auf das Ereignis zu hören, auf seinen Anspruch einzugehen. –

Das ganz Andere der »Beiträge« – deren Andersheit freilich
jetzt erst ins gemäße und einfache Licht gelangt, so daß sie aus
ihrem Eigensten gedacht werden können. Vgl. S. 127.

Die Last der Differenz ist abgefallen; aber das Austragen ihres
Lastenden »war« nötig; weshalb?

Die Fülle des Einfachen sammelt sich immer gefügter in das eine 123
Wort: Ereignis – das die Sage des Denkens ins Unversehrliche
enteignete.

Daß das Denken – als das entsagende – das unscheinbare *Tun*
werde, nicht erst durch eine Anwendung ins Praktische, sondern
so, daß es rein zu seinem eigenen Anfang findet: erfahren läßt das
Wogenspiel des Welt-Gevierts – »in aller Einfachheit«.

Das *Denken* und das *Tun* der Sage.
Tun – und so un-endlich geschieden von der Tathandlung des
»Ich = Ich« in der Lehre *Fichtes*.

Im Sagen: die äußerste Gefahr der »bloßen Worte«.
Nur ein Geringes und das Denken ist als das Tun preisgegeben.
Eines der Zeichen für den Zerfall der Philosophie: sie hat ihre
Aufgabe an die Atomphysik abgetreten.

124 Denke daran —: die Hand ist denkende Hand — (Was heißt Denken? S. 53 ff.)⁵⁷ Jede ihrer Gebärden schwingt im Denken — selten gar im höchsten — bisweilen versanden sie im Gedankenlosen und dann Widrigen.

Überwindung der Metaphysik, Auslegung ihres Wesens, Besinnung auf dessen Herkunft — all dies blieb im Daraufzu der Auseinandersetzung hängen, geriet in die härteste Gefangenschaft der Metaphysik und verhilft ihr gar noch zur eigenen Versfestigung. Was in solcher Auseinandersetzung versucht wird und nicht erreicht werden kann, die Einkehr in das Ereignis, ergibt sich nur, wenn das entsagende Denken sich aus seinem eigenen Boden gedeihen läßt. — Das Wesen der Metaphysik wird dann wie von selbst in die ihm gemäße Vergessenheit entlassen.

Inwiefern bleibt jedoch bei der Verhärtung des Denkens in das Rechnen der Hinweis in das Wesen der Metaphysik — ins Ganze ihres Geschickes — unumgänglich? Weil die Verwandlung des Denkens kein bloßer Pflanzenwuchs ist.

125 So braucht es dann *seine* Zeit. — Das an-gefangene Denken; vielleicht ist sie von langer Dauer; weil zunächst und auf lange hinaus alles aus solchem Denken Gesagte in das herrschende ungebrochene Vorstellen der Metaphysik eingerechnet und dort verrechnet wird.

Logik, Psychoanalyse, Soziologie — sind die mächtigsten Schrittmacher der Metaphysik, weil sie nämlich so aussehen, als hätten sie die Metaphysik hinter sich gelassen, die man sich immer noch als verunglückte Theologie vorstellt.

Indes gehören auch solche Betrachtungen über die Zeitlage und Zeitläufte noch in das rechnende Denken — wenngleich hier noch andere Besinnungen möglich bleiben.

---

⁵⁷ [Martin Heidegger: Was heißt Denken? GA 8. Hrsg. von Paola-Ludovika Coriando. Frankfurt am Main 2002, S. 25 ff.]

Um das Jahr 1885 macht Nietzsche sich folgende Aufzeichnung: »Das jetzige Deutschland ist eine vor-slavische Station und bereitet dem panslavistischen Europa den Weg.« (WW. XIII, S. 346)[58] – »sachgemäß« – d. h. sich im Bereich dessen halten, was die Erörterung verlangt. Erörtern: einbringen in die Versammlung, die den Bereich des zu-Denkenden er-eignet.

Jeder Versuch, die Befreiung von der Metaphysik auf dem Wege einer noch so wesentlich angesetzten Auseinandersetzung mit ihr zu erreichen, erliegt irgendwann der in ihm schon beschlossenen Gefahr: sich loswinden ist eine Art von Bewegung, die sich selber neue Schlingen legt, in die es sich selbst verwickelt.

Woher kommt dies, wie es scheint, unaufhebbar Schwierige im Sichlösen des an-gefangenen Denkens vor aller Metaphysik? Kommt es daher, daß auch die *eigentliche Überlieferung*, d. h. die Einkehr in den Anfang, in die Tradition der Geschichte eingelassen bleibt? Und woher dieses? –

Anfang und Denken – Die Rede vom anfangenden Denken wäre ungemäß und anmaßend zugleich. Die Rede vom »an-fänglichen« Denken meint anderes: das in den An-fang gehörende, in ihn gebrauchte und so durch ihn als »an-fänglich« gefügte Denken; also das: an-gefangene Denken – als vermutendes.

Vermutung und Befugnis; Hinblick und Einblick

Die Augen-Blicke und der Be-reich der Befugnis, der Ein-Blick und der Blick aller Blicke.

Danken kommt von Denken. Aber wie und in welchem Sinne »kommt es« da her? Danken ist *eigentlich* Denken. So wäre denn das eigentliche Denken *das* Danken? Aber was heißt Danken? Wie be-stimmt sich sein Eigentliches, wenn nicht aus dem Ereignis?

Der Dank und die Gelassenheit des Ent-sagens. Vgl. ob. 110.

---

[58] [Friedrich Nietzsche: Unveröffentlichtes aus der Umwerthungszeit (1882/1883–1888). Werke. Bd. XIII. C. G. Naumann: Leipzig 1903.]

Das anfängliche Denken steht nicht mehr im Gegen-Satz zur Metaphysik. Es bleibt außerhalb ihrer; denn »Wesen« denkend, kann es nichts Metaphysisches mehr im Blick haben.

Heraklits Denken hat so wenig mit »Dialektik« zu tun wie mit dem πάντα ῥεῖ[59] – dem »Werden« als »Fließen«. Woher stammt die »dialektische« Auslegung Heraklits? Erst von Hegel – oder von Platon vorbereitet? Die Verwandlung des Denkens läßt sich am schwersten von dem, was ihm sich als Jenes gezeigt hat, das als Gedachtes die Wandlung verlangt: »Sein«, »Wahrheit«, »Geschichte«. So hängt das Denken lange Zeit in dem Verfahren, das Überlieferte zwar festzuhalten – d. h. z. B. »Sein« und »Wahrheit« und »Geschichte« anders zu denken, und doch | es zurückzulassen. Solange jedoch die Überlieferung selbst ihre Weise nicht gewandelt hat, kehren »Sein« und »Wahrheit« immer wieder und lassen das Denken nicht in sein Freies. So ist der »An-fang« nicht ein anderer Beginn der Geschichte, sondern Geschichte selber verschwindet im An-fang der an Stelle der Überlieferung die reine Gegen-Wart erbringt. Vgl. 122.

Zur *Vollendung der Philosophie.*
Inwiefern bereitet Marx durch die *Umkehrung* der Hegelschen Metaphysik in die Physik des »meta« (d. h. in die soziologisch-ökonomische Erklärung der »Ideologien« und des Ansetzens von solchen) die Auflösung der Philosophie in die Wissenschaften vor?

Inwiefern ist diese Auflösung der Philosophie in die »Wissenschaften«, die schon bei den Griechen einsetzt, aus dem Wesen der Philosophie (dem begründenden, berechnenden Vorstellen) bestimmt und vorgezeichnet?

---

[59] [Der Pseudo-Heraklitische Satz stammt aus dem »Physik«-Kommentar (Aristoteles) des neoplatonischen Philosophen Simplikios (480/90 bis ungefähr 550). Cf. Simplicii in Aristotelis Physicorum libros commentaria. Libros quattuor priores commentaria. Edidit Hermannus Diels. In: Commentaria in Aristotelem Graeca. Volumen IX. G. Reimeri: Berolini 1882, p. 1313.]

Inwiefern beruht dies alles, was heute am Zerfall der Philosophie mitwirkt, im Walten des Ge-Stells? Inwiefern ist es zugleich als im Ge-Stell (er-eignet) der An-Klang des An-fangs?

Der *Tod* ist der An-fang in die Enteignis zur Fuge; insofern er das einzig-eigenste Eigentum jedes Sterblichen ist, birgt *er* das eigentliche Versprechen in die *Einzigkeit* in sich.

———

Die Gelassenheit in die Bestimmung zum bereitenden Bauen an der Sage:
1. daß das Denken vom Ungedachten überschattet ist;
2. daß ein Denken das mitbedenkt, nicht nebenbei, sondern in sich als *Tun*.
3. Wie ist der Bezug zum Ungedachten, das sich jeweils aus dem Undenkbaren bestimmt? Der Bezug ergibt sich im Denken selber und nur so.
4. Was heißt von hier aus gesehen »*Endlichkeit*« des Denkens — falls überhaupt solche Titel wie »endlich«, »unendlich«; »bedingt«, »unbedingt« noch mitsprechen dürfen?
5. das äußerliche Vorstellen dieser Bezüge und der eigentliche Vollzug.

Jede »Selbstdarstellung« wird dann am ehesten zur Lüge, wenn sie sich mit dem Pathos der Wahrhaftigkeit zur umfangreichen Schilderung aufbläht.

Das *Währen des An-fangs* ist nie Zustand, kein Haben. Sein Währen ist die Sterblichkeit. —
  Das Wohnen im Verlangen der Be-fugnis.

Ἀ-Λήθεια — Erst durch die Lösung der Ἀ-Λήθεια aus der Hinsicht auf »Wahrheit« und »Sein« und *deren* Zusammengehören, gelangt die Metaphysik in das Eigene ihrer Bestimmung.
  Vermutlich dauert das Bauende der Vollendung — historisch gerechnet — unabsehbar lang.

Aber schon ist all dem der verborgene An-Fang der Sterblichen in ... zuvorgekommen. Die Metaphysik bedarf nicht der Ἀ-Λήθεια als des Denkwürdigen.

Die Philosophie entspringt dem θαυμάζειν, dem Erstaunen, das bereits *begierig* ist nach dem Grund, der als die Ursache gesucht wird.

Das Denken *vor* dem Beginn der Philosophie hält sich noch in der αἰδώς, der Scheu vor dem Unversehrlichen Anwesen selber – geht noch nicht auf Gründe und Ursachen, kaum auf die Veranlassungen.

131 Dies aber, das .. der Stille, – verhüllt in die Sage des Denkens, ist den Sterblichen zu stiften und zu überliefern.

Daß wenige Es rein vermögen: den An-fang.

Das Ge-dächtnis

Denkmale	die Be-Rührung
Weise	im
Befugnis	gefügten
Wink	Be-Reich
↘	der Einfalt
	↓

Das Gefüge der Sage

—

Aus Leitworten sind Läut-Worte geworden.

[»Der Waldbrunnen«][60]

Das Gedächtnis der Fuge   Winke II, 5

Das Reichtum des Ereignisses.

---

[60] [Adalbert Stifter: Der Waldbrunnen. In: Ders.: Erzählungen. Hrsg. von Johannes Aprent. C. F. Amelangs Verlag: Leipzig 5/1897, S. 79–112.]

Dimension und Be-Reich. Vgl. Vier Hefte II, 45, 86. 132
⎰ von hier aus die Sage verdeutlichen.
⎱
Ge-Viert — Ver-Hältnis.

Welchen Denkens bedarf es, um dem [sic] in der Ἀ-Λήθεια verborgenen Wink zu hören?

Die »Identität« der spekulativen Dialektik und der naturwissenschaftlichen Methode der vollständigen Berechenbarkeit ist noch nicht hinreichend gedacht. Freilich scheint ein Einwand im Recht zu sein, der meint, innerhalb der Berechnung werde doch immer noch mit Konstanten gerechnet, mit solchem, was der Rechnung vorzugeben sei. Diese Feststellung ist richtig; aber sie wird nicht genügend durchdacht. Die vier Konstanten der jetzt ausgearbeiteten Weltformel *sind* nur, was sie sind, *als das, womit* gerechnet werden muß. Sie gerade sind vor allem *in die Rechnung zu stellen*. Die Konstanten »sind« nur beständig innerhalb der rechnenden Bestandsicherung der »Natur«.

Paul Klee erfährt (nach einer Aufzeichnung in den Tagebüchern, 133
München 1916) den Menschen »nicht als Spezies« — d. h. nicht als eine Art von Lebewesen, die vorkommen, sondern als »kosmischen Punkt«.[61] Dies dürfte wohl heißen: als den Ort der Versammlung der Welt in ihr Welten, d. h. in das Spiel der Enteignis zum ... der Stille.

Warum durfte (ich) und mußte (ich) seit der frühen Kindheit die Glocken läuten und den Glockenturm als den Ort der bezaubernden Spiele erfahren? Warum gab die Weite des Turmblickes die einfache Nähe der Heimat zurück ins unverbrauchbare, aus ihm selber quillende Tägliche?

[61] [Paul Klee: Tagebücher 1898–1918. Hrsg. von Felix Klee. DuMont Verlag: Köln 1957, S. 349: »Der Mensch meines Werkes ist nicht Spezies, sondern kosmischer Punkt.«]

Die beiden unvergeßlichen Augenblicke meiner Kindheit:
Der Eine: da (ich) mit der Mutter auf der dreistündigen Wallfahrt nach Beuron zum erstenmal oben von den Stuhöfen kommend ins stille Tal der Donau blickte.
Der Andere: da ich auf dem ersten Schulausflug vom Guggenbühl (bei Ludwigshafen) zum erstenmal den Bodensee erblickte und seine weite Fläche nicht vom Himmel zu unterscheiden vermochte.

134 Der langjährige und doch irrige und zuletzt vergebliche Versuch, durch die Abhebung gegen die Metaphysik und d. h. immer noch durch die »Seinsfrage« in das Ereignende von »Wahrheit« und »Sein« zu gelangen und so dem anfänglich Gedachten eine Eingängigkeit und das Gewicht zu verschaffen.
Die Verwindung der Metaphysik ergibt sich von selber und eigentlich durch die Sage »des Anderen«.
So bleibt es dann auch im Einblick in das Welt-Geviert eine ungemäße Fragestellung wie aus der vorausgegangenen Zwei der Zwiefalt (Sein und Seiendes) zur Vier der Einfalt des Ereignisses zu gelangen sei, die in der Enteignis zum Ver-Hältnis beruht.
(vgl. Hegel, Zettel n. 271, M. A. S. 93)[62]

Das Wohnen im Schulhaus des Dorfes der Mutter –

135 Der Tod ist nicht die selber verlöschende Erlösung *vom* Leben.
Der Tod ist die währende Lösung der Sterblichen *in* die ihnen aufbewahrte, mit den Jahren erst wachsende Einfachheit des vermögenden Lebens.
Der Tod ist die Be-Freyung der Sterblichen zum fügsamen Gehören in das heile Welt-Spiel.
Der Tod ist die Stimme der Fuge des heilenden Schmerzes, der die Sterblichen in die an-fängliche Liebe be-stimmt.

---

[62] [Martin Heidegger: Seminare Hegel – Schelling. GA 86. Hrsg. von Peter Trawny. Frankfurt am Main 2011, S. 471, 481.]

Der Tod ist die Gelassenheit des Welt-Spiels, dessen versammelndes Lassen die Sterblichen ins Kommen ruft zum dankenden Brauch.
Die Feier des Todes im höchsten Danken ...

Je tätiger (d. h. hier besessener von der Aktion) der Mensch ist, umso entschiedener entfernt sich in ihm die Möglichkeit des Tuns.
Man will es immer noch nicht sehen, daß die Herrschaft des rechnenden Denkens schon *die* Tätigkeit, die Aktion selber ist und das Wirken als Sichern der Erfolge und Ergebnisse nur noch die Endphase der Aktion.
Der ursprüngliche Sinn von *Tun* spricht noch in der alemannischen Mundart durch das Wort »eintun«, d.h. bergen, hüten, schützen.

Man ist begeistert darüber und nimmt es als ein Zeichen hohen Niveaus des Geistes, wenn Heisenberg im Zusammenhang seiner Darstellung der Weltformel fortgesetzt *Platon* zitiert. Man merkt immer noch nicht und besinnt sich noch weniger darauf, daß solches nur möglich ist, weil in Platons Denken sich bereits die Metaphysik entfaltet hat und von der τέχνη und dem διαλέγεσθαι her das rechnende Vor- und Herstellen vorgeprägt wird. Und wer spürt noch oder schon, wie hier überall die Losreißung von der Erde betrieben und die Einrichtung der Bodenlosigkeit als vorgeblicher »Welt« | mit den in die Perfektion sich treibenden Mitteln in Gang gesetzt wird.

Noch einmal die »ontologische Differenz«.
Was sagt die Weisung, die Differenz als solche und in ihr den Unter-Schied zu denken als den Schied des Zwischen – für den Weg des anfänglichen Denkens? Der Versuch, der Differenz auf solche Art nachzudenken, ist wie ein Weg, der eine Strecke weit führt, um eine Aussicht zu bieten in Jenes, wohin der Weg selber nie zu führen vermag. Welche Aussicht bietet sich und wie? Die Ent-scheidung des Zwischen als Geviert ereignet im Ver-Hältnis

des Welt-Spiels? Dies alles läßt sich niemals in dem von der Differenz her gedachten Unter-Schied er-blicken. Das Denken ist *zuvor schon* aus anderer Her-kunft des Zu-denkenden angeblickt und das von ihm Erblickte wird der Differenz und dem Unterschied ein- und unter-gelegt. Also ist der Weg durch die Differenz irrig und darum vergeblich. Gleichwohl wurde der Gedanke an die Differenz als solche zum Anlaß, den Denkblick für ganz Anderes – in der »Seinsfrage« dunkel Gesuchtes – zu öffnen und frei zu halten.

138   Un-vergänglich, d. h. außerhalb von Vergehen und Vergangenheit, bleibt, was sich in sein Wesen wahrt als das An-fängliche. Im An--fang wohnt das Kommen. Dies ist die Einkehr des Gewesen.

Das »Es gibt« und das *Um-geben*.
Das »Es gibt« als verhüllte Weise des Ereignens.
Um-gebung und Gegend.
Um-geben: bergend-schenken, schenkend-bergen – ergeben in die Gelassenheit zur Stille.

Um-gebung und Ge-Viert. Um-gebung und *Ver-Hältnis*.

———

Nur die um-geben
   vermögen das hohe Nachgeben.

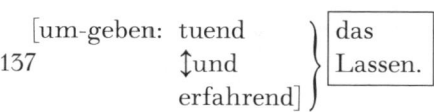

tuend und erfahrend im Selben der Verwandlung in einander.

139   Das Weiche kann das Schwache sein; aber das in die Ruhe des Sanftmütigen Weichende ist vermögender als jede Gewalt und Härte.

———

Danken kommt im Gedeihen der Sprache von Denken. Das Danken ist das eigentliche Denken. Dieses vermag, in *sein* Eigentum gelangt, den einzigen Dank. Wie aber finden wir ins Eigentum des Denkens? ob. 66

»Eigentum« sagt hier: wie Reichtum und Königtum: was das Eigenste – das Gelangen in dieses – das Verlangen in diesem – gewährt.

Alles rechnend-be-gründende Her-stellen und Besitzen lassend – gelangt das Denken als das Ent-sagen in das Eigentum – d. h. das Reichtum des Be-Reiches.

Der Be-Reich und das Be-Ruhende.

Das Reichtum: die Quelle des Sagens.

Das Sagen als das brauchende *Be-zeichnen* für das Gehören in die Fuge. Be-zeichnen – mit der Zeige in das Ereignis um-geben – Sagen und Um-gebung.

In das Reichtum der Einfalt gehören (Ἁρμονία ἀφανής)[63] 140
   den Einklang des lautlosen Singens hören –
      aus dem Tanz der Glockenruhe
         zur Enteignis entschwingen
  – lautere Fügsamkeit der Nähe –
das steigerungs*un*bedürftige Währen des Anfangs im Selben.

> (Das Reichtum – wie das eigentliche Eigentum, 139 –
> die Überfülle des Vermögens zum Reichen – im Be-
> Reich des Welt-Spiels).

Die »Allzudankbaren« »in Tagen der Schönheit« (Hölderlins Nachtgesänge)[64]

Ihr »Allzu«, ihr Übermaß ist nicht das Maßlose. *Ihr* Maß ist das Übermäßige im Unermeßlichen des Einfachen.

---

[63] [Die Fragmente der Vorsokratiker. Bd. 1. A.a.O., 12 B 54.]
[64] [Friedrich Hölderlin: Thränen. In: Ders.: Sämtliche Werke. Zweiter Band. Gedichte nach 1800. A.a.O., S. 58.]

Die »Allzudankbaren« können nur in solchem Übermaß des Dankes die *seyn*, die sie sind.

141 Darum verwinden sie jede Eigenmächtigkeit über | *ihr* Leben, das ihres nur ist als vereignetes.

Denken: das Gedächtnis der einstigen Einfalt.

Die Einfalt: das Geheimnis der Λήθη für die Ἀ-Λήθεια – das Geheimnis aus der Enteignis.
Die Einfalt: die Erde *als die Heilige* aus dem Heilen – dem Unversehrlichen der Innigkeit der Fuge des Welt-Spiels [Klee: Heilige am Fenster][65]

Gedächtnis: die Weise, je schon das Einstige (Gewesen und Gegenwart) während sich-sagen-lassen und behalten – *der* Dank.
[Gedächtnis hier nicht μνήμη und memoria, nicht: erinnern, nicht auf Vergangenes bezogen,
sondern in das Einstige entschränkend.]
Gedächtnis: zumal gestimmt auf Trauer und Freude; beide jedoch im Selben.

142 Die Einfalt be-sinnt den Sinnenden
   »*ist*« der Sinnende
Der Sinnende »*ist*« die Einfalt
   entfaltet die Einfalt
(das ereignismäßige »ist« und »sind«)

   Die Einfalt und der Sinnende
      »sind«
      das Selbe
      ↓
Die Versammlung des Läutens der Stille

---

[65] [Es handelt sich um ein Aquarell Paul Klees mit dem Titel »Heilige, aus einem Fenster« von 1940.]

    die Ur-Kunde des Welt-Spiels
        das Fest des An-Fangs
            das Wohnen der Sterblichen.

Mozart 378, 379.[66]

Im Ge-Viert »ist« je jedes der Vier nach seiner Weise die Innigkeit der Fuge und so die Vierfalt.
 Aber dabei »sind« die Erde und die Sterblichen ausgezeichnet. Sie rufen und reichen ent-eignender und daher »sinnlich« ins Gehören zum *Selben*.

Die Einfalt 143

Sanftes Läuten
stiller Glocke
Zartes Leuchten
goldner Locke

Jubelwellen
Ruhn im An-fang
Himmelshellen
Erd im Einklang

—

Spätsommer 1958

---

[66] [Falls sich die Zahlen auf das Köchelverzeichnis der Werke Wolfgang Amadeus Mozarts beziehen, handelt sich um die beiden Sonaten B- und G-Dur für Klavier und Violine.]

[STICHWORTVERZEICHNIS]

Abgrund 21, 19
Ἀ-Λήθεια 38, 96, 105 f., *106*, 112, *117 ff.*
↑
φύσις 96
»als« (ἥ) 98 f.
Anblick *103*
Anfang 2, 10 f. 17, 26, 41, 65 f. *126*, *127 f.*
»*anfänglich*« 126 f
Anmut 1, 13
Anthropomorphie 7 ff.
Auslegen 25, (15)
Aussage 2

Der Baum 66
Befremdung *37*, 41
Befugnis 119, 121, *130*
Begegnung 12
Be-Reich 29, 131
Blick *126*
Brauch 7 ff., 10
Bringen – 20, 30, (13)

Dank 46, 66, 68, 84, *101*, *110*, *127*
Denken 2, 12, 14, 17, 26, 35, 41, 47, 61, 100, *118 f.*, *139*, 141
Das *Denkwürdige* 84
Dialektik 114
Dichten *61*, 65
»*Differenz*« 122
Dimension *132*

Ding 114 f.
δύσμορον 85 f.

Eigentlichkeit *2*
Eigentum 139
Ereignis 31
Einfalt *139 ff.*
Eingelassenheit – 86
Entfremdung 13
Entsagen 15, *39 ff.*, *108*, *139*
ἐόν *96*
Erde *21*, *22*, 22, *27 f.*, *29*, *33*
Die früheste Erfahrung 47
»Ergebnis« 3
Erklären und Erkennen 38
»Es gibt« 107
Etymologie – *121*

Gedächtnis 141
Gegend 32
Geheimnis 31
Gelassenheit *30*
Geschichte 24 f., (11), 95, *127 f.*
Geschick 107
Geschenk
Gestalt 4 ff., 9, 10 f.
Gestell 4 ff., 10 *79*, *96*, 104
Geviert 20, *23*, *32*, 54, *134*, *142*
Gewährnis *120*
Grund 35 f.

Hegel 53
Heraklit 78
Hölderlin 24 f.

Journalismus 28

Kehre *11 u.* 38, 60
Kommen *82*
Konstanten der Natur 132
»Kuinzig« 34

Lassen *43, 47, 50, 65*, 138
Läuten 22

Metaphysik *63 f.*, 67, 104, *108, 119, 125 f.*
Mytho-Logie *57, 62*

Nähe 45, 74, 79

πάθος 33
Philosophie 110
Platon 136

Rhythmus 29

Sache *121, 125*
Sage 15, 29, 33, *74*, 80, 110
Schein – 38, 45
Schmerz 52, *91, 101*
Schweigen 32
Sein 7 ff., *38*, 45, *64, 95, 105*
Sein und Zeit 6
Das Selbe 42, *80*
Selbst *80*
Spiegel 20!
Spiel *50*, 74
Sprache 3, 11 f., 18..*21*, 26, 29, 33, *39 f.*, 49, 74

Sprung 108, 113
Stern – 74
Stille 19, 27 f., *97, 99*, 109
Stimmung *27 f.*

Tanz 109
Tod 33, *92 f., 111 f., 135 f.*
Tragen 21, 27 ff.
»Tun« – 48, *65 f., 100 f.*, 111, 119, *121*, 123, 129

Um-gebung 138
»Unterschied« *105*
Überlieferung *126*
Überwindung 52

Ver-ant-wortung – *91 f.*
Verfallen 2
Ver-Hältnis 25
Vermuten 14
Verzicht 68
Vorbringen 23, 30   ↓
Vorgriff 2, *10 f.*, 13, 31, 47, *64*, 79

Was? 35 f.
Weisen 84
»Welt« 32, *43*
Wohnen 28
Wort 60

Zögern 82
Zusage 15

[WINKE II]

|17| |23| |25| |29| |33 f.| |52 f.| |68 f.|

|9|

(57 ob.)

|61 ob.|

|62|

          (erblickt und gehört hast)
»Sage nicht alles, was du weißt,
aber wisse immer, was du sagest.«[1]
  (hab Acht) erblicks. Der Wandsbecker Bothe
An meinen Sohn *Johannes* 1799 Siebenter Teil

---

[1] [Matthias Claudius: Werke. Neue, vollständige Ausgabe. Sechster Band. Verlag von Ignaz Klang: Wien 1844, S. 113.]

a

Spätsommer 1958

πολλῷ τὸ φρονεῖν εὐδαιμονίας.
πρῶτον ὑπάρχει.   Sophokles, Antigone 1347/8.[2]

       Winke
        II

  das zu-*Sagende*
  hören wir nur
/   im *Zu*-Gesagten
Die Befugnis   Wie aber dieses?
   zum Hören   Die Sage –
aus der Verfügung   als der Be-Reich
  in das Eigentum   des
           Eigentums
     Der Brauch in den Be-Reich.
      Wen unter Sterblichen er-reicht er?
     vgl. S. 52

---

[2] [Sophoclis fabulae. l. c.: »Das weitaus Erste an höchstem Glück / Ist Besonnensein.« (Übers. Wolfgang Schadewaldt)]

b

»Die *Anwendung* schon vorhandener Lautform auf die inneren Zwecke der Sprache ... läßt sich in mittleren Perioden der *Sprachbildung* als möglich denken. Ein Volk könnte, durch innere Erleuchtung und Begünstigung äußerer Umstände, der ihm überkommenen Sprache so sehr eine andere Form erteilen, daß sie dadurch zu einer ganz anderen und neuen würde.«

Wilhelm von Humboldt, Über die Verschiedenheit des menschlichen Sprachbaues ... Berlin 1836, § 10, S. 84.[3]

---

[3] [Wilhelm von Humboldt: Über die Verschiedenheit des menschlichen Sprachbaues und ihren Einfluß auf die geistige Entwicklung des Menschengeschlechts. Gedruckt in der Druckerei der Königlichen Akademie der Wissenschaften: Berlin 1836.]

Die Einkehr der Einfalt – vgl. S. 17   1
   Ihr Einblick ins Ge-Viert
   Entfache die χάρις des Einfachen ins Unermeßliche seiner Einfachheit.
   Die χάρις aus der Innigkeit –
   Das Ent-sinnen – *Ent-wachen ins Geviert.*

Der Nordost weht – das Eigentum: die Einfalt des Ereignens in die Enteignis zur Fuge …
Weglassen kann nur, wer eingelassen ins Eigentümliche. Das Eigentum, vgl. S. 7 (27)
Das Eigentümliche: was das Eigentum ereignet, in es gehört.
Das Eigentum, wie Fürstentum, der Be-reich des Eignens – des Ereignens im Sinne der Einfalt der Vier-falt – das Eigentum und der An-Fang. (Das Eigentümliche hier nicht: das bloße Besondere, Eigenartige, Seltsame, Merkwürdige).

Das Eigentümliche des Ereignisses, dessen Austrag. (Dafür auf dem bisherigen Weg gebraucht: das Wesen ?—? verbal – das Wesende und Währende: *als das Ge-währende*: Er-eignende.) Aber Wesen und Währen (ohne Bezug zu Gewährnis) verbleibt der Sprache der »Philosophie«, d. h. der Metaphysik.

Ent-wachen der Einkehr der Einfalt zu …   2
   Ent-wachen in die Einigkeit des Welt-Gevierts.
   Gedächtnis der Enteignis.
   Für die Sterblichen aber – nur sie heißen die Entwachenden – ist die Erde eher denn die anderen drei im Ge-Viert die Einfalt – die Erde nicht für sich – sondern als die Heilige der Sinnlichkeit. –
   Die Sinnlichkeit: der heile Sinn für das er-langende Verlangen des Reichtums der Erde.

(sich) entsinnen: das Sinnen der Erde freilassen ins Unermeßliche des Welt-Spiels, Ent-sinnen als Entwachen – *das Gedächtnis.*
   »sinnlich«: dem heilen Sinnen der Erde eigentümlich vereignet.

Die Erde gibt die Zeichen –
das Zeichen geben: sagen; segnen: Segen sinnt.

Ἀ-Λήθεια: daß die Λήθη noch ohne Einkehr des Eigentums der Einfalt –
Der Ton liegt jetzt auf: -Λήθεια, dem Griechentum fremd.

3 *Alles ist* – insonah und insofern es »ist«: *erdig*; es »ist«, d. h. es ereignet vereignet; es vereignet ereignet.
Das eigentümliche »*ist*« –

Einkehr ruht im Einblick der Einfalt.
Der »Einblick« noch nicht aus dem Reichtum des Eigentums ge-dacht.

Alles Fragen nach dem »Wesen«, ob nominal, ob verbal und anders noch, wird verwunden aus dem *Gedächtnis* des Eigentums.
Das Eigentümliche an-denken; sagen die Sage der Einfalt –

Sprachphilosophie und jedes Denken *über* die Sprache ist die äußerste und darum verstellteste Subjektivität. Mit dem Trieb zur Anthropologie geht der Trieb zur Sprachphilosophie zusammen. S. 8.
Das *Zweideutige* im Versuch, die »Logik« als Besinnung auf das Wesen der Sprache auszuführen oder auch nur anzusetzen (S.S. 1934). Die waltende Bestimmung noch undeutlich.

4 *Etymologie* der Sprache –
Wie können wir wagen, dazu etwas Verläßliches zu sagen, wenn das Eigentümliche der Sprache ungedacht ist, wenn die Etymologie von ἔτυμον dunkel ist, wenn der λόγος in seiner Herkunft nicht erfahren ist. –
Nennen wir das ἔτυμον eines »Wortes« die »Grundbedeutung«, was heißt dann »Grund«? Welche Vorstellung von »der Sprache« findet an dieser »Bedeutungen« und was heißt dies?

ἔτυμον gehört — schon bei Homer — für die Griechen in die Nähe von ἀληθές. Und dieses?

ἔτυμον ließe sich übersetzen als das »Verläßliche« — wofür? für das Sagen? als Zeigen.
Das Worauf sich dieses je und je verlassen kann, wohin es gar sich einlassen muß — in welcher Gelassenheit. Aber die Griechen wissen nichts vom »Lassen«. Oder deuten Χάρις und Ἀιδώς — Huld und Scheu in seinen Bereich?

Aus der Tiefe der Einfalt der Erde öffnet sich die unermeßliche Höhe des Himmels zu dessen Nähe.

Weniges nur ist eigentümlich. Aber dieses Wenige ist unermeßlich.

Damit Etwas *Anlaß* zu werden vermag, muß es schon eine Gelassenheit angesprochen haben. Gelassenheit jedoch selber nur, wenn ereignet im Brauch. Vgl. S. 6 ob.
Das Gedächtnis (der Einfalt) — vgl. Winke I, 131.
Wie | im Sagen | die Regsamkeit des Gedächtnisses für das Wohnen erbauen: wecken und pflegen? Die Denkmale zeigen in das zu-Denkende.

—

Die »Spielerei« der Etymologie, der *eigentlichen* (was ist sie?), bleibt allerdings ein Spiel, das einen hohen, wenn nicht den höchsten Einsatz verlangt — den des rein im Gedächtnis eingelassenen Denkens.

Das Gedächtnis des Eigentums. S. 15.

Dem Brauch genügen Sterbliche nur im Dank. Der aber ist das Ungenügen selber.
Des Brauches, daß Sterbliche gebraucht, dessen sind sie nie

gewiß. Hier waltet das Vermuten — das im selben Falle ist wie das Danken.

Der *vermutende Dank* erlangt sein maßgebendes Gefüge im Gedächtnis des Eigentums.

Die Anmut der Einfalt, der sich der vermutende Dank zugesagt hat.
    Die Einfalt: das Spiel der Erde.
    Das Gedächtnis des Eigentums ist das Gedächtnis der Enteignis zur Einfalt des Sinnenden.

Die Einfalt des Sinnenden beruhend im Ge-Läut.
    Das Reichtum des Be-Reiches ist das Ge-Läut der Stille —: das be-ruhend-stimmende.

Der Be-Reich als die Fuge des Eigentums. (14), 27

Das Eigentum — als Läuten der Stille. [»Ge-«: ereignend]

7   *Das Reichtum*: das Ver-Hältnis des Reichens —: des zeigend-entzeigenden, anmutenden Gelangen- und Erlangenlassens.

Das Eigentum: das ereignende Ver-Hältnis der Enteignis zur Einfalt des Sinnenden — in die Innigkeit des Welt-Spiel-Gevierts.
    Das Eigentümliche: die *Weisen** (Lieder) des Eigentums.
    Ge-Läut, *Ge*-Birg, *Ge*-Dächtnis ... 25
    Das »Ge«- nicht mehr als Versammlung und Sammlung, so noch von Λόγος her gedacht.
    Das Ge- als ereignend-enteignend.
    Das *eigenste Enteignen* ist die Enteignis zur Einfalt des Sinnenden in die Innigkeit.
    Die Innigkeit: das Eigentümliche des Eigentums. In der Enteignis läutet die stimmend-beruhende Stille des Selben. *Die Weise*: das erblicken-Lassen, das Zeigen — sagan —

Winke II

Hölderlins Gedicht wird erst hörbar, wenn sein Denken eingedacht ist in das Gedächtnis des Eigentums, als das Bauen an dem von ihm erblickten Wohnen.
* die wise, wisel: die Bienenkönigin. Das »weiseln« der Bienen.

Die Innigkeit: die Vereignung des Ver-Hältnis-Spiels in das Selbe aus der Einfalt des Sinnenden. 8

Mit den Jahren läßt das unablässige Verlangen nach dem gemäßen Sagen der einfachen Sache des Denkens — in das schweigende Gedächtnis gelangen. (schweigend: verschwiegen gegen das Öffentliche und innerhalb seiner).
Schon in den »Beiträgen« wurde die »Logik« als Betrachtung des Λόγος (»Sprache«) abgelöst durch die »*Sigetik*«:[4] das Erschweigen des Ereignisses: der Einkehr der Einfalt. — 59

Wie überall noch unterwegs ein versteckter Anspruch auf Begründen, Erklären, Verständlichkeit sich eindrängt. Der Wille zur Verständlichkeit als die Absage an das Denken im Gedächtnis.
Gehört dorthin nicht auch die *Irrmeinung*, durch die Betrachtung des Sprachwesens und durch das Wissen von diesem gelange das Denken eher in die Nähe des zu Sagenden? Die Rolle der Erkenntnistheorie erweitert und übertragen auf die Sprachbetrachtung: dem Ansatz in der Subjektivität verhaftet. S. 3, 11 f.

---

[4] [Heidegger: Beiträge zur Philosophie (Vom Ereignis). GA 65. A.a.O., S. 78 f.]

9 *Das Welt-Spiel-Geviert* vgl. 17, 23

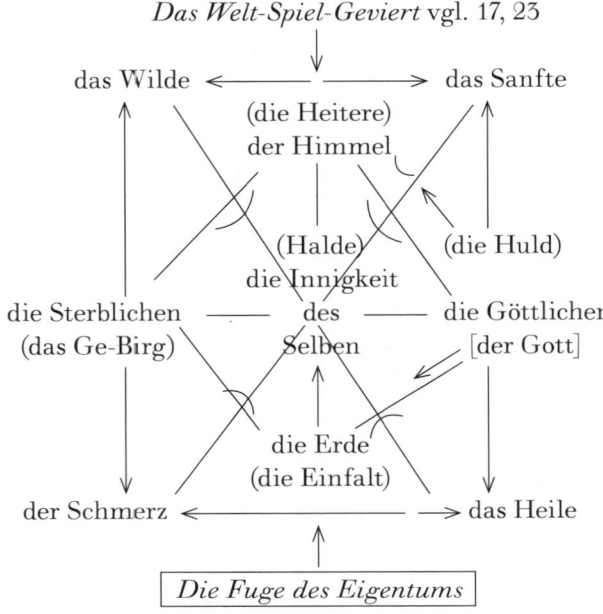

Die Innigkeit: die Fuge des Ver-Hältnis-Spiels aus dem Selben der Einfalt des Sinnenden.

Das Geläut der Innigkeit: die Stille. 23

Die Innigkeit: schont den Schmerz ins Heile – tunkt das Heile in den Schmerz.

Die Innigkeit als Läuten: das versammelnd-rufende Enteignen.

Das schonende Tunken, tunkende Schonen als Stillen aus der Stille. *25*

Die Innigkeit: die Quelle des Schmerzlichen und Heiligen.

10 Aus dem vorstehenden Riß, der Zeichnung einer Zeige läßt sich ersehen, in welcher Fülle »das Selbe« als die Fuge der Innigkeit zu denken bleibt. Im Erblicken des Selben, des *so* gedachten Ταυτόν, ließe sich, wie früher angedeutet (Notturno I, 95), das Ent-sagen als Denken des Ereignisses mit dem Griechischen Wort: Tauto-

Logie belegen. Sie wäre zugleich das Entsagen des Eigentümlichen der Sprache – des *so* gedachten μῦθος. Und also die Tautologie als die Mythologie.

Das Tautologische aber ist die Schranke der Logiker und aller Rechner.

Tautologisch im eigentlichen Sinne ist das Leitwort: die Sprache spricht.⁵ (14) (30)

Der Überfluß des Selben ...

Mit der Zeit gewöhnt man sich an das Ungewöhnliche und macht es zum Gewöhnlichen. Man vergißt jedoch, daß das Ungewöhnliche das Un-Gewohnte ist, daß es des Wohnens und Be-wohnens braucht, das selber darauf – dankend – denkt –, daß sein Ge-Wohntes nie gewöhnlich werde, sondern anfänglich bleibe.

Der *Fortschritt* spreizt sich noch fortschrittlicher auf in dem himmlischen *Avantgardismus*, dem das Neueste schon veraltet, ehe es neu werden konnte. Sonst ist die Avantgarde: die Vorhut. Doch was dem Avantgardismus nie in den Sinn kommen kann, ist das Hüten. Dazu bedürfte es des Sinnes für das Bleibende.

Es bleibt aber nur, was im Eigentum beruht. Im Umtrieb des Sinnlosen schwindet die Sinnlichkeit weg. Der bare Reizbetrieb herrscht, der an der Reizlosigkeit eingeht.

―

Bleibt nicht alles Betrachten der *Sprache*, gerade wenn sie als das Auszeichnende des Menschen erkannt und anerkannt ist, in der *Re-flexion* hängen und so in der Rückflucht zum Menschen und zu diesem als Person und *Subjekt*?

Die Betrachtung des Sprachwesens
               und
das (sich) Ent-sinnen des Sinnenden und seiner Be-sinnung.
    || das Be-stimmen und die Be-sinnung ||

―

⁵ [Heidegger: Die Sprache. In: Ders.: Unterwegs zur Sprache. GA 12. A.a.O., S. 17.]

12 *Sprache* – Wie immer man *von* der Sprache und *über* sie handelt, das Seltsame stellt sich jederzeit ein, daß dies mit den Mitteln der Sprache, mit der Sprache als Mittel und Instrument vollzogen wird. So erscheint die Sprache als das Instrument, das sich mit ihm selber instrumentiert. Die Herrschaft der Reflexionsbeziehung ist offenkundig und darin die Verstrickung in die Subjektivität.

Wie sich lösen aus dieser Verstrickung, gesetzt, daß sie eine solche ist? Sie ist es nur, wenn ein Freyes waltet, das erst die Wahrnis des Sprachwesens freigibt: das Eigentümliche der Sprache.

Aber dieses Freye übt keinen Zwang; darum kann der Weg ins Eigentümliche der Sprache nur ein freyer sein; frey, aber nicht beliebig und nicht ohne *Anlaß* –; und dieser aus einer Be-Stimmung. (S. 5 f.) Das Be-Stimmende im Freyen.

Die Verstrickung zeigt sich klar auch in dem Versuch: *das Eigentümliche der Sprache zur Sprache bringen*. »Der Sprache«, d. h. des Sprachwesens; »zur Sprache«, d. h. in das Nachsagen »der Sage«, d. h. des Be-Reiches bringen; das Nachsagen spricht im sterblichen Sagen, d. h. erdig – aus der Be-sinnung.

Vgl. das Ent-sagen.

13 *zur Sprache bringen* ... vgl. 20, *36*

die Wendung beim Wort genommen, d. h. aus der Sprache gedacht.   Humanismusbrief 116[6]

Hebelvortrag 32 ff.[7]

1. sprechen über etwas – eine Aussprache darüber einleiten, vorbringen, zu bedenken geben, verhandeln – etwas schon Gesprochenes und Bekanntes.

2. bisher Ungesprochenes ins Wort bringen und so erscheinen lassen.

3. das »Sein« kommt, sich lichtend, zur Sprache (Humanismus-

---

[6] [Martin Heidegger: Platons Lehre von der Wahrheit. Mit einem Brief über den »Humanismus«. Francke Verlag: Bern 1947.]

[7] [Martin Heidegger: Hebel – der Hausfreund. Günther Neske Verlag: Pfullingen 1957.]

brief 116) – undeutlich – Sein als Ereignis ist selber in die Sage als den Bereich gestimmt.
4. *zur Sprache* bringen die Sprache: *als* die Sprache das Sprachwesen ins Eigentum des Ereignisses bergen – *als* die Sprache: als den *Be-Reich*.

5. die Sprache als die Sprache zur Sprache bringen. Dies sagt: die Sprache ihres Wesens enteignen ins Eigentümliche des Eigentums.
 Aus ihrer Weise, d. h. aus ihr als *der* Weise des Welt-Spiels der Sprache nachsinnen.

Unterwegs bei solchem Nachsinnen findet das Denken Sätze, die keine Sätze bleiben dürfen von der Art festsetzender *Aussagen*. Sie sind ferne *Anklänge der* Weise, als welche die Sprache das Welt-Spiel spielt:
1. die Sprache ist das Haus des Seins.[8]
2. die *Sprache* spricht, nicht der Mensch. 30, vgl. 26 f., 10
3. das Wesen der Sprache ist die Sprache des Wesens.
4. die Sprache *spricht*; so ist sie als die erdig-gebirgige Sage: Sprache.
 Diese *Anklänge* muß das Denken erst in den Einklang bringen mit der Stimme der Innigkeit. Solches Bringen braucht die Be-Stimmung in die Befugnis zu einer zeigenden Erfahrung des An-fangs zur Fuge des Welt-Spiels. (S. 6) (9, 20)
 Die Sprache ist als *die* Weise des Weltspiels: *das* Eigentümliche des Eigentums.
 Solchem Denken liegt die Absicht fern, in irgendeiner (68) Form den Geist des Zeitalters zu repräsentieren und sich als Dokument vorzustellen.
 Das eigentlich Währende ist das Geschickliche. Es läßt sich nie historisch feststellen und liegt der Unterscheidung vom Ewigen und Zeitlichen uneinholbar voraus.
 Schriftstellerei als Reizgewerbe.

---

[8] [Heidegger: Brief über den Humanismus. In: Ders.: Wegmarken. GA 9. A.a.O., S. 333.]

15 Der Weidbrunnen am Schließheu⁹ — seine ruhende Quelle verströmt unerschöpflich ein erquickendes Wasser — das unversehrlich Einfache.

Das ahd. danson (tanzen) besagt:
ziehen, geleiten, reichen, helfen —
das Fügen der Ruhe. Der Be-Reich der Stille.

Das Gedächtnis — Von der memoria, römisch-christlich (vgl. Augustinus, Confessiones, lib. X, darüber S.S. 1921)¹⁰ zurück zur Μνημοσύνη (vgl. Was heißt Denken? 1954, S. 6 ff.) aus ihr zu Hölderlins Hymne und ein Gespräch mit ihm zum Gedächtnis, d.h. zum einfältigen Gedächtnis des Eigentums.

Es gibt nur im Griechentum den Mythos (vgl. Was heißt Denken? S. 6), so wie es nur vom Griechentum her die Philosophie gibt. Die Ausweitung der Namen »Mythos« und »Philosophie« gehört in die Vergessenheit eines einzigen Geschickes auf Rechnung des geschicklosen Rechnens — auch »Erlösung«, »Lösegeld« ist ein Rechnen mit dem Gott (zu Mythos vgl. schwarze Hefte).

16 Unbefangen ist, wer an-gefangen —
      d.h. wer gebraucht in die Enteignis —
      wer vor-eingenommen in das Ereignis und
      also überall zuvorkommend
      durch Verhaltenheit.
Unbefangenes Sagen bedarf des weitesten Blickes.

———

⁹ [Schließheu ist die Bezeichnung für einen ehemals beweideten Berghang in der Nähe von Todtnauberg/Schwarzwald.]
¹⁰ [Martin Heidegger: Augustinus und der Neuplatonismus. In: Ders.: Phänomenologie des religiösen Lebens. GA 60. Hrsg. von Matthias Jung, Thomas Regehly und Claudius Strube. Frankfurt am Main 2/2011, S. 182–192.]

Winke II

Wenige wissen von der langmütigen Sorgfalt, die *das einfache Ver-Hältnis* für sich verlangt:
das Ver-Hältnis als das Einfache der Welt-Fuge. x (27)

Wenn einer sich der Unbefangenheit gar noch verschreibt, dürfte der Nachdenkliche wissen, daß jener auf die Straße einer gewöhnlichen Selbsttäuschung geht; deren Gefängnis zieht man indes jedem An-fang vor.

Denken wir das *Brauchbare* verhältnismäßig aus dem Ver-hältnis des ereignenden *Brauches*, dann läßt sich sagen: Das Nützliche ist nicht schon das Brauchbare – dem Brauch geeignete. So ist die Wissenschaft, sind alle ihre Ergebnisse nützlich – vielleicht ist »die« Wissenschaft sogar *un*brauchbar.

Unterscheide im Vorigen und künftig gefügter: Vgl. 4 und 23.   17
    Die Innigkeit: das Selbe des Welt-Geviert-Spiels
    (die Heytere? des Sinnenden)
    Vgl. 25.
    Die Einfalt: das Spiel der Erde
    Das Einfache: das Geschenk der unermeßlichen Nähe aus der
    23   Einfalt der Innigkeit der Fuge des Welt-Spiels.
Das Einfache des Vierfachen
im Geviert.
    Das Selbe: das In-einander-Ge-*hören* des Vierfältigen des Ge-
            vierts im Welt-Spiel.
  O   Die Innigkeit des Spiels der Stille.
         Die *Halde* der Innigkeit. (23)
    Die Heytere: die reine Helle des reinen Dunkels: die Weite der
            Lichtung der Ankunft des Sichverbergens.
… der Himmel. |
Vgl. 9 und 23.   Das Ratsal des eingefalteten Sinnenden.
Dagegen S. 25!
Das Einfache: das hörend-gehörende, antwortend-wiederstrahlende Wiederspiel zur Einfalt – weil Spiel der Innigkeit. 23

18 Insonah die Einfalt den Sinnenden be-stimmt, [läutet] die Stille der Innigkeit in das Lauten der Sagen zur Sprache der Dankenden.

Das Einfältige des Todes (*la* muerte) (Ge-Birg) einfaltend zur Erde die dem Welt-Spiel geopferten Sterblichen.
Nur der kommende, nie der gemachte Tod ist: die Tödin – die Einfalt des irdischen Himmels – brauchend die Sterblichen in die schweigende Stille der Innigkeit.

Gelassenheit: vereignet ins Lassen, das als Tun dem Spiel der Stille der Innigkeit es rein überläßt, ob und wie der Sinnende nahe kommt und an-fangende Nähe währen läßt.
    Der dunkle Wohllaut im Schmerz der Stille.
    Wenn im Herbst das Märchen glockt
    Und der Frühling still frohlockt ....
    der sich lösende Schmerz

19 Geeignet, d. h. aus dem Ereignis gemäße Worte findet das Denken stets nur so, daß es alte, in den Sprachschatz gehörende Worte so hört, wie sie das Einzige des Eigentums zu sagen vermögen. Auf solche Weise werden gebräuchliche Wörter zu einem Singulare-tantum – z. B. das Eigentum. Solches Sagen ist stets bildlich im alten Sinne von *Bild*, der besagt: das Gehörige, Entsprechende, Geziemende, das dem Ver-Hältnis Gemäße. (28)
Bilden heißt dann: gehörenlassen (29). In dem Maße als dieses waltet, ist das Sinnliche und Anschauliche bildhaft. Gehörenlassen erst im Ereignis.
Das Bild – aus dem Ereignen erfahren – liegt *vor* der Unterscheidung von abstrakt und konkret, sinnlich – unsinnlich.
Das Bildende – und Erblickende ist sinnlicher denn alle Sinne und zugleich sinnender denn jeder nur begrifflich vorgestellte Sinn.
Das Denken aus dem Gedächtnis des Eigentums ist im eigentlichen Sinne und genötigt (als unablässig gebraucht) bildlich. (Bildlos ist nicht einmal das Rechnen).

Jedes denkende Wort sagt die Gänze des Eigentums. 20

Was ist die Sprache? Diese auf das Vorstellen abgestellte Frage findet ihre Antwort, wenn das Denken sich in das Gedächtnis gewandelt hat und bedenkt: Die Sprache »ist« das Eigentümliche des Eigentums. Das »ist« selber läßt sich nur *ereignishaft* denken. (29)

Die innerste Nahnis der Innigkeit im Welt-Spiel ist die äußerste Weite der umgebenden Einfalt.

Die Befugnis zum Gedächtnis des Eigentums aus der Stille der Einfalt. ∧ vgl. 14 Befugnis und Einspielnis. 33

Wie kommt das *Bild* als Gehörenlassen zum *Zeigen*? Im Gehörenlassen als *Reichen* liegt das Sehen- und Vernehmenlassen dessen, wohin Gehöriges gehört. (28)
   So ist die Sprache als das Eigentümliche in sich bildend – und so *bildhaft* –
   Nicht das Anschauliche ergibt das Bildhafte, sondern das Bildhafte ermöglicht im Anblick das Aussehen –

Selten ist, weil im Einzigen verwahrt, das Schöne. 21
   Seltener noch vermögen wir es rein zu erblicken.
   Nur wer haßt, ist häßlich. Hassen: feindselig hetzen.
   Erst durch die Metaphysik, d. h. die Aesthetik wird das Häßliche zum Gegenbegriff des Schönen. Dieses ist dann nicht das ver-eignend-Enteignende, sondern was wert ist, zu gefallen; das Häßliche: was Mißfallen erregt. –
   Die niedrigste und erniedrigende aller Gesinnungen ist der Haß – die vollendete Unfreiheit, die sich zu hoher Überlegenheit aufspreizt.

Wo das verhaltene Zuvorkommen der Großmut waltet, sieht man oft nur die Schwäche einer falschen Güte.

Nur im Gedächtnis blüht das Edelmütige.

Denke »das Schöne« aus »den Tagen der Schönheit«.
vgl. Mnemosyne IV, 225
Tränen IV, 70.[11]

blank und blinkend, blitzen und blau: das Selbe –

22   P

Läutest, Rose, durch die Nacht
dein entrücktes Lied.
Ruft den Stern, dem einer wacht
wenn Er sich entzieht
auch

—

Welt-Spiel, das leise,
reiche das Weilen,
Tanze *die* Weise:
den Dank aus dem Heilen.

Weilen: Wohnen im An-fang der Einfalt. Ver-weilen und die Weile.

—

– Der Überfluß der strömenden Stille –

der Stern der Innigkeit –

23   Die *Halde der Innigkeit* ist die Neigung im Ge-Viert des Ereignisses zur Erde und zu den Sterblichen. Die Neigung ist die *Enteignis* zur Fuge des Ereignisses. Die Enteignis ist das Eigenste der Innigkeit. Die Halde ist daher nie Abfall und Gefälle nach einem

---

[11] [Friedrich Hölderlin: Sämtliche Werke. Bd. 4. Gedichte. Hrsg. von Norbert von Hellingrath. Propyläen Verlag: Berlin 2/1923.]

Winke II

»Unten« — oder gar die Verunstaltung eines Übersinnlichen ins Sinnliche.

Im Ge-Viert »ist« jedes der Vier im Selben des Ereignens — Keines ohne das andere und durch diese *nie ohne* in sein je Eigenes enteignet.

Die Neigung ruht im Ruhen der Einfalt
  Die Neigung gehört ins Ge-Birg.

Das Schweben der Innigkeit im Schwingen des Geläuts. (9)
  Die Innigkeit als enteignende sich neigend zur Einfalt und ins Gebirg: das *Einfache* der Innigkeit.

Das *Vierfache* des Ge-Vierts im *Einfachen* der Innigkeit.

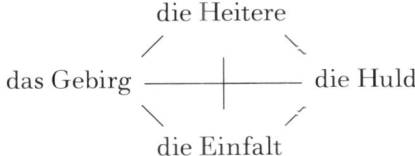

In der Halde der Innigkeit verbirgt sich der aus dem Ereignis bestimmte Brauch der Sterblichen nach der Weise des *An-fangs*.   24
  Die haldige Enteignis 27
  Die Halde der Innigkeit be-ruht (enteignend) die Fuge des Welt-Spieles. (be-ruhen aus Stillen. Winke I, 97)

Der Stern der Fuge — des Eigentums

Die Weise nur gibt Weisungen; die Sterblichen aber bleiben stets die Gewiesenen.

Die Verhandlungen über Denken und Dichten bringen jeden Versuch, der Sprache als Sprache nachzusinnen, in Verwirrung; auch dann, wenn erkannt ist, daß die Nachbarschaft beider im Eigentümlichen der Sprache beruht und Denken und Dichten im Dank versammelt bleiben.

Im Lehren, wenn es vermeidet, lehrhaft zu werden, lernen wir am meisten. Der nur Gelehrte ist noch kein Lehrer.

25 Das Eigentümliche des Eigentums beruht im Reichtum des Reichens in der Weise des Bereichs. Ob. S. 7.
    Das Reichen ist *die* Gebärde – rufend. Gehörenlassen – Beruhenlassen.
    Gebärde und Bild sind das Selbe –
    beide gehören ins Reichen, sind als solche aus dem Reichen bestimmt. 29.
    Das Reichtum des Bereichs.
    Die Weise: die Gebärde: das Bild.
    Die Helle der Stille; ihr lichtendes Läuten;
    darin be-ruhend das Lauten und Leuchten – als das zur Innigkeit gehörige erdig-gebirgige Reichen: das Lauten und Leuchten in der bildenden Gebärde.
    vgl. Winke I, 22   (Vorstufe. Vier Hefte II, 1949, S. 21)
    Das Hellend-Stillende der Innigkeit – ob. 17.
    Der Welt-Stern: das Innerste der hellen-stillen Innigkeit.

Die Stille ent-facht das Einfache des Welt-Spiels.

Die Erde: die Einfalt des Gebirgs.
Der Himmel: die Erheiterung der Einfalt.

26 *Die Sprache zur Sprache bringen als die Sprache.* Vgl. ob. 13/14.
    Was aussieht wie eine Verstrickung – solange man alles im Gesichtskreis der Subjektivität vorstellt – ist das Verhältnis, das in das Eigentümliche zeigt, als welches das Sprachwesen be-stimmt wird aus dem Eigentum der Welt-Spiel-Fuge. Sobald wir das Verhältnis nicht mehr aus dem Blick lassen, könnte uns ein Einblick der Sprache gegönnt sein. Versuchen wir ihn zu sagen, dann bleibt

dies stets nur der ferne Anklang der Weise, als welche die Sprache das Welt-Geviert spielt: das Spiel der Fuge. Vgl. 72.
Die Einspielnis des Anklangs.
Nur dies:
Aus dem Verhältnis (Beziehung) zur Sprache in die Sprache als das Ver-Hältnis (Be-Reich des Eigentums) entwachen. (Ver-Hältnis: die verhaltene Enteignis zur Fuge). Dieses Entwachen ein Tun als Lassen. Dieses Lassen das Hören in die Stille als Gehören in die Innigkeit. [Hören: die Weise des Eigentums] 30.
Dafür – als Anlaß des Entwachens ein Leitwort (14): Die *Sprache* spricht. (31) Sie spricht *als* die Weise des Eigentums – die Weise ist das *Reichen* – 64.
Dieses jedoch gemäß der Halde: erdig-tötlich. 29.

Das Ent-sagen als das Sprechen der Sterblichen.   27
Das Ent-sagen (vgl. Früheres und die schwarzen Hefte) zu bestimmen als das gebrauchte – einfältig-gebirgige *Reichen* – und dieses als Bauen am Wohnen im Geviert. Vgl. Winke I, 29 ff.
Das Ent-sagen weder als Absage an und als Verzicht, noch als anderes Wort für Entsprechen im Sinne des ὁμολογεῖν – Angleichung.
Die Gunst der Gelassenheit –
                     vgl. Entsagen – Notturno I, 63, 83 u. a.

Sage – als die Zeige – *Zeige und Weise* – das Reicht-tum
     als die Gebärde – Reichen und Tragen –
Die Gebärde der Innigkeit und die Halde –
Das Reich*tum* des Reichens im Bereich als der Fuge des Eigentums, ob. 6.
-*tum*, tuom – als Suffix aus einem Nomen entstanden, das besagt: Verhaltnis, Würde, Zustand; toum gehört zu tuon – tun als bergen – wahren.
-tum: das *Ver-hältnis* als die verhaltene Ge- und Bewahrnis des Eignens – und des Eigentums.
Ereignen und Reichen: *das Reichtum* – (16x) 64.

Die haldige Enteignis zur Fuge des Ratsals. –
Die Halde der Innigkeit und der Brauch in die Einfalt.
Das Erdige des Himmels.

28 Mesmer – hat ursprünglich nichts mit »Messe« zu tun, sondern ist althochdeutsches Lehnwort mesinari des lateinischen mansionarius, d. h. custos (Küster) et conservator – Hüter und Wahrer des Heiligtums. Im alemannisch-schwäbischen heißt er auch *Sigrist*, von sacrum, das Heilige; italienisch sagrestano. Es macht vielleicht einigen Unterschied, ob einer der Sohn eines liberalen großstädtischen Bankdirektors ist oder der eines noch dörflichen Mesmers – um von der Mutter zu schweigen.

Das *Bild* – das bildet – d. h. im alten Sinne gehören läßt, einbringt in das Verhältnis; darin das Zeigen; und im Zeigen die Möglichkeit des Sehenlassens von Anblick – Aussehen; species, εἶδος.

Einbildungskraft – aus dem ursprünglichen Sinn des Bildens zu denken. Vgl. *19*, 20, 33.

Die Angst vor dem »Es«, das man nicht *denkt*, sondern nur als die Privation des Personalen stehen läßt –

Diese Angst als die Folge der Verkennung dessen, daß dem Denken *nur* das Vorläufige (das Eigentum als das zu Ent-sagende) zugemutet ist, dieses aber in der Gänze.

29 Das *Erdig-Tötliche der Sprache* stammt nicht aus dem Menschen und seiner physiologischen »Natur«, sondern ist bestimmt aus dem Geviert der haldigen Innigkeit, die als Enteignis die Einfalt ruft und das Gebirg braucht. Die Sprache: *Die* Gebärde des Eigentums – das *Sprechen* der Sprache ist dieses vierfach bestimmte *Reichen* –: ist die Sage.

Aber erst im *Brauch* »ist« »Laut« und »Bild« (*20*) (25) (28): – im Ent-sagen der Sage.

Winke II

(Rhythmus, Melos, Klang, Bild) bedürfen alle einer an-fänglichen Bestimmung aus dem Sprechen der Sprache.

Die Frage: was ist Sprache? muß fragen: Was ist eigentlich das Sprechen? Die Antwort weist in das Eigentümliche des Eigentums (43):

Das *Sprechen* der Sprache ist das Reichtum des Bereiches. Das Reichen ist die Weise des Welt-Spiels. Das Reichen ist die Gebärde der Innigkeit – die Weise ist in sich die Gebärde. Vgl. 30.

Die Weise als Gehörenlassen (19): das Bilden (das Bild und die Gebärde).

Das am ehesten geeignete, weil ganz aus der »Sache« kommende* Leitwort, bleibt das im Sprachvortrag 1950 erwähnte: 30

Die *Sprache* spricht … Allein es bedarf der gemäßen Fassung.

Die *Sprache* spricht; der Mensch spricht insofern, insonah er in das Sprechen der Sprache gehört.**

Woher und wie bestimmt sich das Sprechen der Sprache? Die *Sprache* spricht, nicht der Mensch.   Die Tautologie. 10

»Die Sprache« – das sieht aus wie ein Ding an sich und doch nirgends auffindbar unter den Dingen.

Aber sie »ist« das Eigentümliche des Eigentums – die eigenste Weise des Ereignens.

Doch wie Solches erblicken, zuvor hören? –

** und als der *so* Gehörende schon der Hörende *ist*.

Befremdlich *bleibt* es, zu denken:

Das *Eigentümliche* des Eigentums – *dies* sei »die« Sprache; und zugleich das »sei« und »sein« aus dem Ereignis denken. 26

Höre die Weise des Eigentums.

* Das Leitwort als Anlaß ins Hören: die Weise des Eigentums. Dafür schon gebraucht:

Das Gehören *in* das Ereignis. Das Entwachen aus Gehören.

31 Hörend die Weise des Eigentums, entwachen wir aus dem Schon-Gehören ins Ge-Viert der Welt-Spiel-Fuge – zur Einkehr der Innigkeit.

Wie aber ein Hören veranlassen? Ein Hören dieser Weise? Wagen ein vermutendes Ent-sagen – ohne Befugnis –   26

Die Halde der Innigkeit – das Erdig-Tötliche im Ge-Viert und der *Anschein* des »Natürlichen« der Metaphysik (Platon – Kant).

Die Hinblicke in die Weltgegenden des Gevierts geraten zu leicht in die Gefahr, sich zu vereinzeln und abzusondern; alsbald ist ein Ausgleiten in das metaphysische Vorstellen geschehen; die Rede vom sterblichen Sprechen legt die Vorstellung nahe, es gebe ein sterbliches und ein unsterbliches, übersinnliches Sprechen »der Sprache«. – Aber »die Sprache« *ist* gerade der Bereich des Gevierts, das aus der Innigkeit der Enteignis haldig ist zur Erde und den Sterblichen.

32 Die Halde der Innigkeit aus der Enteignis denken –
Die frühere Rede von der »Auszeichnung« der Erde und der Sterblichen im Geviert, vom »Vorrang« des Brauchs der Sterblichen – trifft nur eine Art von Feststellung, statt »Auszeichnung« und »Vorrang« als Aussagen zu verstehen, die nur für das Vorstellen etwas nennen, was sich diesem im Blick auf das Ganze des Gevierts ergibt. Vgl. Winke I, 142.

Hinreichend ist das *Denken*, wenn es sich als Entsagen aus dem Bereich innerhalb seiner bestimmen läßt.
 Das hin-reichende Denken und der Abgrund gegen die ratio sufficiens.
o—o
Erst wenn wir die Sprache in das Eigentum entlassen, als *dessen* Weise, sie hörend, lassen, gelangen wir in das Entsagen, das

keine Reflexion *über* die Sprache mehr zuläßt und so auch keiner Sprachphilosophie mehr bedarf.

Erst wenn wir erfahren, angefangen stets, daß und wie die *Sprache* spricht, *vermögen* wir unser Sprechen *hinreichend*, vermögen wir das Entsagen.

Die *Sprache* spricht: Die Sage *spricht*. |33|

Das sagt: Die Sage ist als der Be-Reich des Gevierts von »Haus« aus erdig – gebirgig –; die Sage *spricht*.

Deshalb ist sie Spruch als Anspruch und Zuspruch.

Die Sage *spricht* – sagend: brauchend das Gebirg
                       sagend: rufend die Einfalt.

Die Sage *spricht*: sie braucht die Sterblichen in das Entsagen als deren eigenstes Tun.

[Entsagen: Notturno I, 72, 83, 85 und früher.
        Winke I, 15. *39*, 84 u. a.
Tun: Winke I, 65, 100, 111.]
        Tun: nicht Wirken, Tätigkeit, Spontaneität (von Kausalität her vorgestellt; nicht Energie, nicht Betreiben und Treiben; agere, Aktion; nicht Tathandlung, nicht Handeln)

Tun: als *Lassen* –; Halten und Lassen: *das Spiel*.

Die *Einspielnis*: die *In-lusion* – Ein-Bildung (28).

Die Illusion – ursprünglich gedacht; nicht als Täuschung und Irrtum, die *Illusion* als Einspielnis – die eigentliche Wahrheit des entsagenden Denkens: die *Wahrnis des Welt-Spiels*.

Einspielnis und Befugnis, 14, 20.

Das Hinreichende der Einspielnis.

Die *Sprache* spricht: Die Sage *spricht*. 34

Die Sprache ist als der Be-Reich die Sage. Als solcher aber braucht die Sage als zu ihr vereignet das erdig-sterbliche Sagen; das Sprechen der Menschen.

Die Sprache spricht als der Bereich des Welt-Spiels vierfach.

Dem gemäß ist die Sage auch Spruch als der Spruch der Innigkeit, Anspruch des Himmels, Einspruch der Göttlichen – Zuspruch der Erde.

Vierfach spricht die Sprache, insonah sie einfach spricht: der Spruch der Innigkeit: – – der Stille.

In all dem aber die Halde der Innigkeit – das erdig-gebirgige Sagen – das *Sprechen* durch den Menschen – »durch« – d. h. durch ihn als den entsagenden hindurch – | διά – |; nicht kausal.

Das vierfache Sprechen aus dem Einfachen der Sage.
Das Haldige im Vierfachen.
Das haldige Entsagen als die Einspielnis in das Einfache der Innigkeit.

In einer Sprache zu sprechen, vermögen wir nur insofern, als wir *aus* der Sprache sprechen: in sie gehören. Vgl. 37.

35 Das Ge-Viert des Welt-Spiels, das Einfache seines Vierfachen bleiben außerhalb jeder Vorstellung wie ein System. Das Geviert ist nicht vorstellbar, sondern nur erfahrbar in der Einspielnis ins Haldige der Innigkeit.

Das Eigentümliche, das die Sprache »ist«, duldet keine Rücksicht auf Verständlichkeit, sobald Sterbliche es zur Sprache zu bringen wagen. Verständlichkeit müßte das Eigentümliche des Eigentums sogleich in den Bezirk der Vorstellbarkeit abdrängen.

Aber das Ge-Viert ist unvorstellbar; so auch das Sagenhafte der Sage.
Erblicken nur: im Hören der *Weise* –
Erblicken: kein Vorstellen.

o——o

Aus der langen geschichtlichen Gewöhnung in das metaphysische Vorstellen, das wie »natürlich« erscheint, kommt immer wieder und versteckt der Andrang eines Vorstellens, das sich an die Unterscheidung des Sinnlichen und Übersinnlichen hält. So kann die Sprache übersinnlich als Bereich der Stille und sinnlich als Verlautbarung vorgestellt werden.

Gegen diese Beirrung und Verfestigung des Vorstellens vermag nur das stete gelassene an-fängliche Erwachen aus dem Selben des Ver-hältnisses, des Vierfachen, in das Welt-Spiel das Denken im Ent-sagen zu behalten.
    Sprechen der Sprache spricht sterblich als das Ent-sagen. Im Ent-sagen erbaut sich der gebrauchte vermutende Dank.
    Im Dank als dem Gedächtnis beruht das ent-sagend-anfängliche Denken. Im Denken beruht das Dichten. Im Denken und Dichten wohnt der Sterbliche erdig – und spricht daraus das gewohnte Sprechen, das zum gewöhnlichen wird; was wir die »natürliche Sprache« nennen.

Das Lieblingswort des vermutenden Denkens: vielleicht –

Was dem Denken als dem rechnenden Vorstellen, dem Erklären, Begründen, Beweisen, Sicherstellen der Vorstellungen als unzugänglich vorkommt, erklärt man kurzerhand als »mystisch« und »mythisch«.

Die Befugnis zum Entsagen als die Einsp*ie*lnis ins Hören der Sage ereignet sich aus dem Gehören in die Welt-Sp*ie*l-F*u*ge.
    Dieses Gehören ist wach als der vermutende *Dank*, der das Gedächtnis bestimmt.
    Für solches Denken gibt es weder Gewißheit, noch Versicherung, noch bloße Begründung, noch Glauben.

Die Befugnis zu Leitworten ergibt je nur unterwegs, insofern es glückt, die Fuge zu hören.

Die *Sprache* spricht.
    Die Sage *spricht*.
    Das Sprechen hört.

Das Hören gehört.
Das Gehören *läßt* die Sprache sprechen. Vgl. 34 u.
Das Lassen — als Halten, das Halten als Lassen —
ist die Einspielnis in das Einfache der Innigkeit.
Das Lassen als das eigentliche Tun, nämlich bergen, geborgen sein lassen: in die Mappe, in den Schrein tun; weg-tun; Tun nicht Aktion.

38 Wenn die *Sprache* spricht, sprechen jedoch in sich das Hören ist, inwiefern hört die Sprache?
Insofern hören das Gehören ist, das eigentliche Gehören jedoch im Gehören*lassen* beruht. Dieses aber ist das reichende Eignen — das Be-Reich als das Eigentümliche des Eigentums. Vgl. 14, 64.

Wenn das Denken das höchste *Tun* ist, d. h. das einfach gelassene Bergen der Sage des Welt-Spiels in die Innigkeit zu *Ihm* ist.

Bedenkend das Eigentümliche der Sprache gelangen in die Bewegung des Ent-sagens: *die Sprache ist das Eigentümliche des Eigentums.* Dies im Befremdlichen halten.

Ent-sagen: Ertragen die einfaltig-gebirgige Sprache der Stille — ohne Erträgnis —
vgl. S. 120
»Ent-« zugleich wie in Ent-fangen (Empfangen) —
Ent-nehmen (Entgegennahme) *und* Ent-*lassen.*
    halten   52
    ↳   —   ↙ 40) *71*

39 Wenn die Weise singt,
Ins Gehören bringt,
Wacht das Reichen,
Spielt das Zeichen,
Läutet Ereignis:
Innig Enteignis,

Faltet die Erde:
Fugengebärde,
Halde und Tanz —
Einfach und ganz —
Ein in ihr Tragen,   weist das Ent-sagen
                                      das Entsagen
                               Zum Denken der Welt.

Er-klingen: Die Stille in den Klang bringen
          Der Klang der sterblichen Sprache —
so:
Das Denken in das Entsagen *bringen*.
          bringen: tragen, schicken, schenken.

Ent-sagen: Aus der Innigkeit des Welt-Spiels

Die Sage der Erde ent-fangen zur Sprache der Wohnenden — ins einfältig Gebirgige.
    Die ~~Liebe~~ ent-faltet die Einfalt der Erde, welcher Einfalt die Halde der Innigkeit eingeneigt ist.
    Ent-falten: Erblühenlassen den bergenden Ab-Grund als den von der Erde Getragenen — und *also*: entbinden die Welt in ihr Spiel — der Nahnis des Sinnenden — daß scheu Ihn ehre »noch einiger Dank«.[12]
    Der Ab-Grund: die enteignend-umgebende Meeres-Stille der Innigkeit.

Er-lieben: Erschweigen die Sage der Innigkeit in die Sprache der Erde.

---

[12] [Hölderlin: Brod und Wein. In: Ders.: Sämtliche Werke. Zweiter Band. Gedichte nach 1800. A.a.O., S. 94.]

Ent-sagen als Dar-Reichen (das Zu-Gereichte) und also erdig--gebirgig ins Reichen gebraucht, in es gehören. Zu-Reichen – das *Gebrauchte*.
Reichen des aus dem Reichtum Dar-Gereichten.
Das Spiel – des Zu-Reichens im Dar-Reichen –
Vgl. Spiel: als Lassen und Halten (38).

41 Ent-sagend – dar-reichen: an-blicken den Sternenblick der Innigkeit.
Reichen als Er-blickend-Gehören lassen
| »Eigēn« –   v.   das Eigen-tum.
| statt »Spiegeln«
Das Spiel des Reichtums

Das Reichtum ist besitzlos und verfällt im Besitzen.

Das Ent-sagen: das einfältig-gebirgige vierfache Zeigen des Sichzeigenden. | Reichen.

―――

Das Eigentümliche (das Besondere, sie Auszeichnende) *der Sprache ist, daß sie* das *Eigentümliche* (die Weise) *des Eigentums ist*
| als Sprechen, Sagen – in das Eigentümliche gebrauchte.
(deutlicher S. 43) vgl. 73.
    Das Vor-Handene – vor der Hand zur Be-handlung, Betrachtung Vorliegenden.

42 *Die Glockenstille* –

Die entzogen bergenden Gegenden des Ge-Vierts:

das Wilde   —   das Sanfte
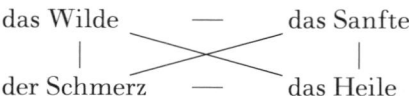
der Schmerz   —   das Heile

Winke II

Das Selbe ist selten; unwiederholbar; je anders –

Welt weltet im Ereignis aus Enteignis.

Die Innigkeit des Äußersten der Gegenden des Ge-Vierts.

»Welt« – weder als κόσμος, noch als mundus (das Geschöpfliche), noch als das Umgreifende, Umfangende – auch nicht von Ἕν und Λόγος her –
sondern: aus dem Ereignis der Enteignis – aus dem *Eigentum* – dem Ver-Hältnis; vom Brauch erwinkt. Vgl. 51.

Das Eigentümliche der Sprache (ihr Besonderes, sie Auszeichnende vor allem anderen) ist, daß sie das Eigentümliche (die Weise) *des Eigentums* ist und daraus jeglich »ist« be-stimmt.
 Die Weise: die stimmende Stille der Innigkeit* – die Sprache als die Sprache – denken: aus dem, was sie zum Sprechen als dem Sagen (Ent-sagen) be-stimmt.
 Das *Ent-sagen* ist das Sagen, das dem Denken als Denken vor- und aufbehalten bleibt – und das Denken »ist«.   * des Äußersten.
 Die Sprache als die Sprache *gedacht* – ist in dem so Gedachten das ganz Andere zum Sprechen und gleichwohl dessen »eigentliche« Be-stimmung.

Ge-Wahrnis: bergende Versammlung des Er-Blickens im Sinnenden.
 Das Eigentum: das ihm selber innige Ver-Hältnis* des Ereignens der Enteignis zur Fuge des Ratsals – aus der Gewahrnis –
 * des Eigens: (Eigen: erblickend-Gehörenlassen).
  | Sich-Eignen – »sich zeigen« |

Alles eignet sich als die Gegen-wart des Einstigen – im Eigentum.

Das Ge-Viert – Die Vier im Ge-Viert ist keine Zahl als Anzahl und

Soviel, sondern Zahl als die Erzählung – die Sage – der Be-Reich des Eigentums. Die Vier als Gestalt.

Das vierdeutige Gemüt der Sterblichen, – das Einfache der Innigkeit des Eigentums zu ent-sagen, sagend zu tun und zu lassen.
Das Verhältnis zur Sprache.
Die Sprache ist aus ihrem Eigentümlichen (d. h. aus dem Gehören ins Eigentum als dessen Eigentümliches): die Weise des Ver-Hältnisses, *in* das die Sterblichen – erdig-tötlich – gehalten, gebraucht-gehütet, *an* das sie gehalten, woran sie gemessen sind.

Die »natürliche« Sprache – auf die Natur des Menschen gestimmt, der als der Sterbliche in das Ent-sagen be-stimmt ist.

Der Schritt zurück – in das Entwachen zum Ge-Viert – »zurück« – nicht zeitlich-historisch zu Vergangenem; auch nicht geschichtlich in die bloße Besinnung auf das Gewesen der Wahrheit des Seyns –
    zurück – d. h. *weg aus dem* unbedachten Zu-weit-vor in die bloße Spekulation und Dialektik.
    zurück dahin – wo wir geschicklich – aber vergessen – schon sind –

Das Einstige des Einzigen: das Selbe des Ereignisses – das Unerreichbare des Selben in seinem Reichtum –

Anmut und Großmut –

———

Gunst des Schenkens!
Reiche nur:
zu spuren
eine Spur
des Denkens –

———

Man steuert alles und ist doch spur-los.

Winke II

Der Hall der Stille als die Halde der Enteignis im Ge-Viert. 46
Hören den Hall; nur *im Hören* des Zu-Gesagten der Sage des Eigentums werden wir Sehende. Winke I, 1.

Daß die *Griechen* im »Sehen« stehen blieben – obzwar sie das Hören im Gesang erfuhren – aber nicht als das Gehören und so nicht das Zusammengehören von Hören und Sehen im Ent-sagen und so alles außerhalb der Unterscheidung von αἰσθητόν und νοητόν.

Als die Ent-sagenden nur sind wir die im Hören Sehenden – 47
Ent-sagend bauen wir gebirgig-vierfältig das Ent-Reichen im Eigentum und so den Be-Reich als das Eigentümliche – als welche »die Sprache« Gewährt ist –

Ein *Denken* – das Gehörend in das Ereignis hört die Stimme der Innigkeit des Ge-Vierts, hörend aber sieht das zu Sagende des Eigentümlichen des Eigentums, sehend es ent-sagt in die Enteignis des Ereignisses.

Der scharfe Ruch des frisch geschlagenen, saftigen Eichenholzes ....

Die Vierfalt der Innigkeit des Ereignens der Enteignis –
Die Erde als die Einfalt ....   des Gebirgs –

Die Sprache: das Sprechen aus der Sage: das Entsagen des Be-Reichs in die Einfalt ....

Ein-tönig bleibt das unablässige Denken des Selben – aber der 48
eine Ton ist der Klang der Stille der Innigkeit des Ereignens in die Enteignis.

Das Eintönige als das Langweilige – das Einerlei
Das Eintönige als der Überfluß – des Einzigen.

Denke je und je *aus* der Einkehr der Innigkeit des Ereignens – in die Vierfalt der Enteignis – wenngleich nur auf dem einen Weg: »der Einkehr *zu* ...« im Ent-sagen.

Aus der Verstrickung in die Sprache [die Sprache als die Sprache zur Sprache bringen] zur Be-freyung in das zu-Sagende unter dem Geheiß des *Zu*-Gesagten. *Wie* aber dieses – das Eigentum hören? Die Befugnis zur Fuge des Eigentums.

Je einfacher das zu Denkende sich lichtet, umso einsamer wird das Denken der Enteignis im Eigentum überantwortet, wovon niemand wissen darf, was auch in diesen Zeilen ungesagt bleibt.

49 *Der Sprachgebrauch des Denkens* –
Müßte das Denken sich überall der kaum begründbaren Forderung unterwerfen, nur den Sprachgebrauch des Alltags und der gewohnten Überlieferung zu befolgen, dann vermöchte es keinen Schritt auf seinem Weg zu tun. Es bliebe in den Fesseln des gedankenlosen Denkens gefangen.

Indes kann das Denken auch nicht nach der Willkür mit der Sprache verfahren; es ist vielmehr an das Geheiß der zu denkenden Sache und ihrer Sachverhalte gehalten. Hieran entscheidet sich das Gemäße und Ungemäße des denkenden Sagens.

Bei der steigenden Übermacht des Ge-Stelles und der von ihm her neugeprägten Sprache, gelangt das Denken nur durch eine ungewöhnliche Zumutung dahin, das Ge-Stell als solches zu denken, das Gedachte aber *ein*zudenken in das Ereignis des Eigentums, dem das Denken nur die gemäße Sagbarkeit bereitet, die kein Aussagen mehr sein kann.

50 Dieses Eindenken braucht seine Zeit. Vielleicht kommt sie nie.
Zufolge der Herrschaft de Ge-Stells wird auch das Denken ins Planen gerissen, in die »Sorge« um die Zukunft der Menschheit.

Winke II

Als ob diese etwas für sich Bestehendes sein könnte, eine höhere Gattung von Lebewesen auf einem Planeten (Nietzsche).[13]

Aber es scheint, daß die anthropologische soziologisch-psychologische Denkweise und alles, was sie an Aktionen und Aktivität zur Folge hat, den Menschen eigens in diese Bestandform prägt und einrichtet, um die herum dann noch Kulturbetrieb und Ideologie zugelassen sind. Diese Versorgung der Menschenmasse in den größtmöglichen »Lebensstandard« betreibt das Zukunftlose des Menschen, die totale Einrichtung seines Unwesens.

Aber das Denken der Einkehr zu – ist anders gebraucht, selbst wenn es noch lange im Unbeholfenen sich abmüht.

Welt (vgl. 42) Im Ding-Vortrag noch als die Einheit des Gevierts gedacht – von »Wesen des Grundes« her bestimmt. Jetzt aber die Einsicht, daß »Welt« das unzureichende Wort, der ablenkende Gedanke bleibt, weil alsbald durch ihn das Vorstellen angezogen und das Denken aus dem Weg des Unterwegs im Eigentümlichen gerissen wird. Statt »Welt« freilich nicht nur nun einen anderen Namen, sondern die gemäßere gelassenere Weise des Sagens – das je und je in das Gehören in das Eignen, in die Enteignis ruft. Statt »Welt« heißt Es: *das Eigentum.*

Danken – Das Vermögen zum Empfangen des noch *Un*gegebenen, Vorenthaltenen, *im* Gegebenen der Gabe. Welches ist der höchste Dank? Was ist, wenn diesem das Denken (als Ent-sagen) entgegnet? Vgl. 61 u.

Ent-gegnen: das Gegnen lösen in das Gehören –; auch das Gegnen als Be-gegnen – Ent-gegnen hier gerade *nicht:* erwidern.

Wie vermag das Entsagen – als Denken – den Dank vorzubereiten?

---

[13] [Vgl. Friedrich Nietzsche: Über Wahrheit und Lüge im außermoralischen Sinne. In: Ders.: Nachgelassene Werke aus den Jahren 1872/73–1875/76. Werke. Bd. X. Alfred Kröner Verlag: Leipzig 1919, S. 189: »In irgend einem abgelegenen Winkel des in zahllosen Sonnensystemen ausgegossenen Weltalls gab es einmal ein Gestirn, auf dem kluge Thiere das Erkennen erfanden.«]

52 *Nicht Erleuchtung, sondern Er-eignis.*

Er-eignis jedoch aus der unvordenklichen Fülle des Eigentums erfahren – und *allem zuvor* der geläufigen Vorstellung von einem Geschehnis, und sei es ein besonderes, entwöhnt – vielmehr:
 Er-eignen – als Ent-eignen in das Ratsal des Ver-Hältnisses.
 Und dies nie als Ausgesagtes, sondern als entsagendes Verwandeln des Wohnens.

Der Weg des entsagenden Denkens bleibt in der Überlieferung des abendländischen Denkens, ist dessen Be-freyung in die Vergessenheit (bergendes Sichverbergen) des An-fangs – in das Ereignis als die Enteignis.

Das Eigentum der Dinge; die Dinge im Eigentum. Das Ereignis und das Ding sind das Selbe. (60)
 Die »letzten Dinge« sind die Ersten –
 Im Ereignis gibt es freilich kein Erstes und kein Letztes. Der Reichtum des Selben im Eigentum.

53 *Der Weg* –
Von der *Seins*vergessenheit in die S̶e̶y̶n̶svergessenheit.
 *Seins*vergessenheit: die entziehende Verbergung der Ἀλήθεια als solcher.
 S̶e̶y̶n̶svergessenheit: die Enteignis im Ereignis des Eigentums. (S̶e̶y̶n̶ verwunden in das Eigentum).
 Die Verstrickung in die Frage nach der Differenz von Seiendem und Sein verstrickt gerade in das, woraus die Befreyung die Not und daher das Gesuchte ist – das Hängenbleiben in der Metaphysik –
 Obzwar immer die Ἀλήθεια im Blick, kommt das Bedenken ihres ereignishaften Wesens nicht ins Freie, auch dort nicht, wo die Differenz in den Unter-Schied – d. h. den Be-reich des Ereignisses weisen soll.

Der Weg: Aus der Ἀλήθεια in das Eigentum.
Der Weg führt der Einkehr zu .... (81)
Die Einkehr der Innigkeit des Ge-Vierts, welche Einkehr selber erst eigens die Ortschaft erbringt, als welche das Ver-Hältnis des Eignens die Vierfalt sich ereignen läßt in die Enteignis. (59u.)

Der Weg führt durch die Verwindung des Sprachwesens in die Sage als *die Weise* des Eigentums. 54

Insofern die Sage der Be-Reich des Reichtums in der Vierfalt des Eigentums ist, wird das Eindenken »der Sprache« in das Ereignis nötig. Von da her ist das Stimmen nach »der Sprache« be-stimmt.

Die *Verwindung** – das *Verfügende Einwinden* – der Sprache als Sprechen in den Be-Reich als die Weise des Eigentums – ist be-stimmt aus der Enteignis zur Fuge des Ratsals im Ereignis.

---

* Bodmer sagt (Noah 1752): »in den goldnen Klang der Harfe die Stimmen verwinden«:[14] [Mozart, Konzert für Flöte und Harfe, Köchelverzeichnis 299] einwendend-bergen in das freye Gefüge.
bergen: entschwinden lassen in die Enteignis.

Verwindung – Enteignis – Entsagen.
Verwindung und Wende –
Die Einkehr der Innigkeit der Enteignis des Ge-Vierts in das Ver-Hältnis des Eignens.
Einkehr als Einblick –; die Erblickten im Einblick.

Dort allein *ist* der Verzicht, 55
wo sein Enteignen niemals spricht.

Dort ist Hören zugleich Gesicht,
wo Stille flammt als dunkles Licht.

---

[14] [[Johann Jacob Bodmer:] Der Noah. In zwölf Gesängen. David Geßner: Zürich 1752, S. 118.]

Dort erklingt das Werkgedicht,
wo Einklang läutet und Verzicht.

—

Verzicht, der spricht –
er *ist* es nicht.

Verzicht: sich *nicht* versagen der Enteignis ins Ereignis.

Es ist gut, daß niemand weißt:
   was Denken heißt –
   es sei denn, wer ins Denken
   eingelassen ist.
   Aber das Selbe gilt von jedem Wesenhaften.

56 Inwiefern ist das *eigentliche** – im Ereignis als dessen Entsagen gebrauchte – *Denken* dichtender als die Dichtung?

Der »Dichtungscharakter« des Denkens meint nicht, das Denken beruhe in der Dichtung, sondern

Aus dem Denken erst als dem an-fänglichen Dichten ist Dichtung gewährt. *Vom Ereignis her empfängt dieses vernutzte Wort einen anderen, den be-stimmten Sinn.**

Je entsagender der Mensch ins Wesen, d. h. die Sprache als das Wesende dieses Wesens, gedacht ist, je befremdender zeigt sich: »Sprache« ist eigentlich Anderes als Sprache;

** »eigentlich«: als im Eigentum vereignet – aus ihm zu ihm be-stimmt (verwunden).

Das von der Sprache losgelöste Denken läßt die Sprache zum bloßen Mittel werden. Die Sprache bietet sich als Instrument an, wird so betrachtet, d. h. behandelt.

Was wird hierbei aus dem Denken? Es ent-wickelt sich zu dem, als was es seit dem λόγος als der ratio angelegt ist – zum unbedingten Rechnen. Die Aussage zerfällt als Sagen in die Wörter der Sprache.

Welches *Sprechen* braucht es, damit durch es hindurch ein *viel-sagendes* Schweigen schwingen kann? So könnte ein entsprechendes Sagen: ein *Ent*-sagen des Zu-*sagenden* erlangt werden. (a)
Die Sprache – sagen – (61 ob.)

57

Die Sprache ist das Eigentümliche des Eigentums.

Das so Gesagte ist wesenhaft mehrdeutig.
Meint »Sprache« das menschliche Sprechen – dann ist zu sagen: Die Sprache *gehört* in das Eigentümliche des Eigentums.
Meint »Sprache« das »Wesende« der Sprache, dann ist zu sagen: Die Sprache vollbringt – erbringt – als der Be-Reich die Weise – die Ver-Hältnis-Gestalt des Eigentums.

Bei jedem Sagen gerät das Denken in die Klammern der Aussage: alsbald hat sich das zu Denkende entzogen, dessen bloßer Anschein wird zur Beute des Vorstellens.
Die Werkgestalt, wenn es noch eine gibt, muß der zu denkenden Sache entwachsen als: *Weg*.

Daß wir erst dann »eigentlich« denken, wenn wir dem zu Denkenden nichts zu ent-denken vermögen: innehalten vor der Enteignis ins Ratsal. (Das »vor« – nicht vor-stellend, sondern im Schritt zurück sich einlassend).

58

Das Andenken ein Sagen, das nicht be-greift, sondern der Ent-eignis folgt – ein Tun, das ins Lassen geeignet ist.
Ent-sagen und Aussagen –
Wie auch wir von der Sprache sprechen und nicht nur über sie – wir sagen, von ihr her in Eigentümliches hin, stets zuviel, auch im Schweigen.
Ob einer nur verstummt, das Sprechen abbricht, oder schweigt, das Sagen an-fangen läßt und so das Entsagen vorbereitet – dies ist unmittelbar nie auszumachen. Das Ent-sagen aber gerät unversehens in den Anschein der Aussage. Die Zergliederung der

Aussage als der vermeintlichen Grundform des Sprechens führt zur Zersplitterung der Sprache in die Wörter.

59 *Denken*: der Wiederklang der Weise des Eigentums. 74
Der Wiederklang: der an-gefangene Entgegenklang. Der Wiederklang ist dahin be-stimmt, in der Weise des Eigentums zu verklingen als das Entsagen »der« Enteignis.
Im *Entsagen beruht* das *Erschweigen*. S. 8.
Das viel beachtete Schweigen beruht in der *Sage*. Sie erst bestimmt das Sprechen und Schweigen. Die Sage zur Sprache bringen ist das Schwerste – dies verlangt: der Verwindung der Nichtigkeit des Redens *und*
des Wortes der Dichtung zu entsprechen.
O *Die Sage nicht von der Sprache, sondern vom Bereich her zu dieser be-stimmt. Entsagen »der« Enteignis:*
Das in ihr beruhende, weil ereignete sterbliche Sagen; das also beruhende ent-hört der Enteignis das Ver-Hältnis des Ge-Vierts. Denken ist als das sterbliche Entsagen »der« Enteignis jenes Tun (Bergen des Ereignisses in das Rätsal), das zum eigentlichen Lassen werden kann. Doch so ist nur der Weg gedacht, ohne daß

60 wir die Wege der Be-wēgung erfahren und austragen.
Bedingnis »ist« Ereignis. Vgl. 52.

Ding – als das Be-dingte, Ereignete – *a*lso Gehörende.

Denken ist – als Andenken weder Be-greifen und Besitzen, noch Haben; sondern das Verlangen ins Gehören.

~~Seyn~~, aus dem Ereignis gedacht, heißt Ge-hören.

Das Gehören und die – Identität.

Das Entsagen ist das Denken im *Dank*.

Der Dank läßt gehören in die Enteignis, die als Bedingnis alle Dinge zu ihm selber bedingt – d. h. ins Freye bringt.

Das Entsagen ist, als zur Enteignis gebraucht, das »eigentliche« Denken. Das Sagen des Ereignisses als Entreichen; das Ent--reichen: der *Dank*.

*57 ob.

Ent-sagen: nicht ab-sagen, sondern: gehörend-ent-hörend – zu-sagen; ent-fangend ent-lassen.
Höre in die Enteignis |
　　　　　　　　　　| *wohne danksam*
Lasse die Bedingnis |
Be-reite einen Pfad, der die Sterblichen danksam werden läßt.
(»wachbar« – wie wachsam, so dankbar: wie danksam)
Die Flur der Dankbarkeit –
→Das *Vor*-bereitende im Denken als Ent-sagen des Ereignisses.
Also bereitet es *zuvor* – den Aufenthalt eines anderen Wohnens.
»sein«-lassen: dem Ereignis *geeignet* lassen – *Ihm sich lassen*; d. h. Es bergen vorbereitend in ein Sagen, das jederzeit im Anschein der Nichtigkeit der bloßen »Worte«, »Wörter« stehen bleibt –

✕
Könnte das ent-sagende Denken der anfängliche Dank bleiben – das Bleiben aber ein stetes Sichverschwinden.
Der *Dank* – ist ein Denken. Vgl. 51.
Das eigentliche Denken *bereitet* den innigen Dank.

»sein« heißt als εἶναι, ὄν: An-wesen.
　An: aus der Verbergung her angekommen in die Unverborgenheit
　wesen: währen – Nur das Gewährte währt.

Im An-währen waltet die Gewährnis im Sinne des entbergenden Sichverbergens – als das gewährende Verwahren.
　Die Ge-wahrnis: Versammlung des Wahrens im Gewähren.

Das entbergende Sichverbergen — *die vergessene* (entfallend--entzogene) *Vergessenheit*: Verbergung.
An-wesen — »sein« — in den Epochen seines Geschicks aus der Gewahrnis.
Die Gewahrnis als das Ereignis der Enteignis.
Das Ereignis: die Bedingnis der Dinge zu ihnen selbst — d. h. zu den in das Ge-Viert Gehörenden.
Das Ding: das in das Ver-Hältnis Gewahrte.
»*sein* —« in das Ereignis der Enteignis gehörend —
»sein« und »sein —« sind das Selbe, denn:
»sein« als »Anwesen« verbirgt in sich das »sein« — als »gehörend« und so das Ereignis —: die *Vergessenheit* des Ereignisses.

63 *Vom Identitätsvortrag*[15] *zum Sprachvortrag.*[16]
(Der Weg bleibt immer noch ein vortragsmäßiger.)
Der Vortrag über den Satz der Identität führt dorthin, von woher das Entwachen ins Ge-viert, in das Ereignis und dessen Weise als Erwachen aus dem Sprachwesen versucht werden könnte.
Allerdings wird dort noch die Beschränkung eingehalten, die sich mit der für die Metaphysik (das Ver-nehmen und Vorstellen des Seins im Seienden) maßgebenden Unterscheidung: Mensch und Sein unwiderstehlich und alles umfassend *aufdrängt.* (vgl. Zur Seinsfrage)[17]

---

[15] [Martin Heidegger: Der Satz der Identität. In: Ders.: Identität und Differenz. GA 11. Hrsg. von Friedrich-Wilhelm von Herrmann. Frankfurt am Main 2006, S. 31–50. Der Vortrag »Der Satz der Identität« wurde nach Heideggers eigener Auskunft zum ersten Mal am 27. Juni 1957 an der Freiburger Albert-Ludwigs-Universität gehalten. Vgl. Martin Heidegger: Der Satz der Identität. In. Ders.: Bremer und Freiburger Vorträge. 1. Einblick in das was ist. Das Ding – Das Ge-stell – Die Gefahr – Die Kehre. 2. Grundsätze des Denkens. GA 79. Hrsg. von Petra Jaeger. Frankfurt am Main 2/2005, S. 115–129.]
[16] [Martin Heidegger: Die Sprache. In: Ders.: Unterwegs zur Sprache. GA 12. A.a.O., S. 7–30.]
[17] [Martin Heidegger: Zur Seinsfrage. In: Ders.: Wegmarken. GA 9. A.a.O., S. 385–426.]

Innerhalb dieser Bedrängnis als des gar nicht bedrängenden Nächstliegenden kann das Geviert nicht erblickt werden. Dementsprechend bleibt der Bereich als die Weise des Ereignisses, als das Eigentümliche des Eigentums noch verhüllt – und damit der Brauch als das Brauchen der Sterblichen – der Sprechenden – in den Bereich nicht zureichend erblickbar; der Weg zur Sprache, daß und wie im Ereignis die Sprache gebraucht ist, läßt sich so nicht erfahren.

Die Abgeschiedenheit des Verwindens zum Aufheben. 54
    Die *Vergessenheit*, die sich selbst vergißt, vergessen.

Die Sprache: das Haus »des« »Seins« – vgl. 62.   64
    Haus: die Gewahrnis »des« Ereignisses
    das *offene* Haus [Kein Gehäuse!]
Nicht das Wesen – im Sinne des allgemeinen Was, quidditas – der Sprache erfragen.
sondern
dem Eigentlichen der Sprache nachsinnen – dem, worein sie – weil gebraucht – vereignet, worin sie »eigentlich« (56) währt als Gewährtes der Gewahrnis (des Ereignisses).
    Die Sprache eigentlich: das Reichtum der Enteignis. (27)

Das Reichtum: das verhaltene Ver-Hältnis des Reichens – *das Be-Reich – die Gewahrnis.*
    als Gewährnis.
  Reichend be-wahren.
  Die Bewahrnis im Reichen. Vgl. ☐

Ereignis der Enteignis – verschweigt das Geheimnis des zu Denkenden.

Ist der einfache Dank nicht doch jener, der aus seinem *eigentlichen* Wesen kommt, dem *Denken* als …

65 Das sterbliche Sagen entspricht der Sage und schwingt zwischen Ent-sagen und Aussagen. Dieses aber stellt sich jederzeit auch vor jenes, insofern das Gesagte als Gesprochenes, das Sagen als Sprechen wie Vorhandenes und Vorkommendes sich geben.

Reichen: das Unterwegs des Erbringens – dies jedoch er-eignend-
↓   -enteignend – und d. h. entbergend-bergend: Ver-Hältnis der Dinge – Be-dingnis.
er-bringend: Ver-Haltnis der Be-dingnis.
kein Beistellen von Gegenständen und Sachen, so daß Wörter diese andeuten oder mit ihnen übereinstimmen.
Reichen: gehören lassen – in das Verhaltnis der Bedingnis
↓   gehören-lassen das Ge-Viert der Dinge ins Eigentum.
Reichen: ruht und stillt im Ereignis der Enteignis – als die Be--wegung des Eigentums. 67.

66 Ist nicht die Sprache als die Sprache zur Sprache bringen als Weg der Sage zur Sprache, als Weise des Ereignisses – nicht doch noch auf unser sterbliches Sprechen angewiesen, so daß der Weg aus seiner Bewegung mit dieser des sterblichen Wortes bedürfen? Gewiß – dies liegt im »zur Sprache bringen«, insofern die hier genannte Sprache das verlautende Sagen der Sterblichen ist.

Wird auf solche Weise nicht die Verflechtung wieder zugelassen und alle Befreyung versäumt? So sieht es aus, *ist* sogar so, wenn nicht *dieses* Sagen von der Sprache dies erfährt und zwar durch sein eigenes Tun:

Sachgemäß sprechen wir von der Sprache (her) erst dann, wenn wir einfach das zu Sagende hörend diesem das Wort suchen.

So allein kommt die Sprache als die Weise des Ereignisses zur Sprache. Doch das zu Sagende? Das Ereignis. Wer denkt, was Es zu sagen heißt?

Das ent-sagende Denken möchte erst die Sage des Ge-Vierts hören, im Gehörten das Ge-Viert aus dem Ereignis erfahren lassen.

Es gibt Wege, aber kein Ziel. Was wir Ziel nennen, ist Vergessenheit der Be-wegung, in der sich erst Weg-weisung – »Sinn« – ergibt und das Reichen währt. Aber gibt es Wege ohne »Ziel«? ohne solches, dem es sich anzupassen gilt (passen = das Ziel erreichen; später: was paßt, ist angemessen).

Ziel = *Abschluß* – Ende der Bewegung – (Lebensende).

»Es« gibt Wege ohne Ziel, jene Wege, die in der Be-wegung ruhen, im Be-Reichen, als welches die Weise des Eigentums dieses im Ver-Haltnis seines Ge-Vierts er-eignet; Wege, die keines Zieles bedürfen – die Wege aus der *Be-wegung* im Ereignis.

Der Seinssinn: der Sinn: die Wegrichtung, die Be-wegung, der das Sein, verwunden in das Ereignis, nachsinnt – die Be-wegung ereignend ersinnend: der Sinn: das Eigentum.

Stellt die heutige Welt Fragen an das Denken? Nein; denn einmal frägt sie nicht denkend, weil sie das Denken nur noch als Rechnen kennt. Zum anderen ist ihr alles fraglos, weil alle Fragen für sie nur »Probleme« sind und jedes Problem für sie »kein Problem« ist.

Man verrechnet das noch Unverrechnete und er-rechnet sich dadurch immer größere Strecken des Unverrechneten. Indem man dieses be-stellt, begibt man sich der Möglichkeit, die Frage des Denkens zu »stellen« – d. h. sich vorgeben zu lassen als das Denkwürdige, dem das Denken nicht mehr im Fragen, sondern im einfachen Ent-sagen sich zu-sagt und so sein Höchstes erlangt, was dem Denken als An- und Zu-Denken zugesagt ist als es selber – das Denken als der Dank und zwar der bereitende – bereitend den Bereich des Ereignisses. –

So ist dann auch das Erwecken und Entfalten der »Seinsfrage« als des Nachsinnens dem »Sinn«, d. h. der Wahrheit (dem Entbergenden-Sichverbergen als solchem) nur *ein Anlaß zum Schritt zurück* in das Denken des Denkwürdigen, in das Ent-sagen des Ereignisses, und alle hier versuchte Denk- | bemühung versammelt sich darin, dem Genüge zu tun und darin das Genüge zu finden, diesem Anlaß, daß er in eine vorläufige Sprache komme, zu dienen.

Dies freilich bleibt eine Täuschung, zu meinen, das *Denken* vermöge, wie Marx meinte, die Welt zu verändern.[18] Doch hat sein Denken dies nicht geleistet? Nur im Gesichtskreis des historischen Rechnens kann dieser Anschein sich aufdrängen. »Eigentlich« aber wurde das Denken von Marx in seinem Gegenspiel zu Hegels Denken, in derselben Weise wie dieses *von* seinem zu-Denkenden, dem Seienden in dessen Sein bestimmt, aber auch das Sein zumal mit seinem Bezug zum Denken vom Ereignis aus dem Geschick übereignet.

Nie verändert das Denken die Welt (d. h. hier das Seiende als Ganzes in dessen Sein). Stets und selten genug wird das Sein mit dem Denken im Einen des Ereignisses aus diesem verwandelt. Die höchste Anstrengung des »eigentlichen« – das Ereignis denkenden – Denkens beruht darin, diese Verwandlung als die stillste Stille des Ereignisses in ihren Winken zu hören – hörend zu erblicken, erblickend zu ent-sagen, ent-sagend zu ihrer Sprache zu bringen: Denken.

70 Im Wirkungslosen muß dies Denken bleiben, ohne den Anschein einer vermeintlichen Tragik. Wohin solches Denken spricht, bleibt ihm verhüllt, aber auch verschwiegen: sein ihm Denkwürdiges – –

Dem Dichter – nachdenken – dies heißt weder sein Gedicht auf Begriffe abziehen und gar damit beanspruchen, das Gesagte besser zu verstehen noch aus der Dichtung eine Philosophie beziehen, sondern: entsagen dem Gedicht die Weisung in den denkenden Dank.

Der Einblick des Ereignisses – Es selber »als« die Enteignis –
Das Erwachen des entsprechend sich wandelnden Denkens in dieses Denkwürdige –

---

[18] [Karl Marx: Thesen über Feuerbach. In: Ders.: Der Historische Materialismus. Die Frühschriften. Hrsg. von Siegfried Landshut und Jakob Peter Mayer. Zweiter Band. Alfred Kröner Verlag: Leipzig 1932, S. 5: »Die Philosophen haben die Welt nur verschieden *interpretiert*; es kömmt darauf an, sie zu *verändern*.«]

Das Erwachen aus dem und in das Andenken an die Vergessenheit des Eigentums.

Der vorstehend vermerkte Zustand: alle Fragen nur noch »Probleme« – d. h. Rechenaufgaben; aber alle Probleme »sind keine Probleme« –; die Sicherheit, daß die Aufgaben lösbar sind –; die Preisgabe in die Bestandsicherung.

Eigentliche Fragen, d. h. die Gelassenheit in das zu Denkende für das Denken des Ereignisses aus dem Eigentum –, die Freiheit zum Denkwürdigen – all dergleichen ist im Schwinden, insofern die Macht des Ge-Stells Solches nicht mehr aufkommen läßt – und so dem am wenigsten die Besinnung auf das Ge-Stell als die Vergessenheit des Ereignisses –

Mitteilen – nicht Transport von Vorstellungen von einem Subjekt in das Andere – (vgl. Früheres und Sein und Zeit) – sich in das Selbe teilen – An-teil-nahme-haben – jedoch gerade nicht: an sich reißen – für sich erraffen – *sondern*: einander das Selbe lassen – miteinander sich darauf einlassen.

Was heißt klar denken? Klar: hell – in welcher Helle? Derjenigen des dunklen Lichtes.
Klar denken heißt: aus dem Dunklen (nicht Trüben) denken; das Dunkle und die Verbergung als Vergessenheit. Das *Ent-sagen* als bergend ins Dunkle der Verwahrnis des Eigentums. Das Ent--sagen folgt und ent-gegnet. Das Ent-sagen ist an-denkend – dankend. 38, 40.

Das Wesen (v) der Sprache
    ist das Eigentliche der Sage. Das Eigentliche: Gestalt des Ereignisses der Enteignis.
        das Eigentliche: das Eigentümliche des Eigentums
        die brauchend-verwindende Weise der »Sprache«

Die Sprache als die Sage
  die Sage als der Bereich des Ereignisses der Enteignis
    der Bereich als Reichtum (des)   des
      Ver-Hältnisses
    das Reichtum als *die* Weise des Eigentums
      die Weise als das Eigentümliche des Eigentums.
(das hier zu denkende »als«)
Die Sprache als Sprachwesen des Sprechens
  gebraucht-verwunden in das Eigentümliche.

Der Bereich und dessen Eigentum als das Freie der Befreiung aus der sich lösenden Verstrickung der Sprache. (Vgl. ob. S. 12 ff., 26 ff.).

Die Sprache »ist« *eigentlich*:
  Das Spiel der Weise des Eigentums.
  Das Spiel des Reichtums im Be-reich.

Der Hinblick auf die Sprache wird aus dem Einblick bestimmt, in den sie – gebraucht in das Eigentumlose des Eigentums – selber gehört. Der Einblick als die Innigkeit, einkehrend im Eigentum des Gevierts.

Ungewohntes ist vielleicht ein Ungewöhnliches, darein wir uns schwer und langsam gewöhnen, so zwar gewöhnen, daß es uns nie gewöhnlich werden kann. Daß wir das Ungewohnte als das Unbewohnte erfahren.
  Wohnen – der Aufenthalt im Eigentum als Unterwegs in dessen Eigentümlichen.

Das *Geviert* – dem Anschein nach unwiederbringlich eingeebnet in den gleichförmigen Bestand des Berechenbaren und noch Unberechneten. Aber dieses als der Bestand – als »Welt« – selber be-stellt im Ge-stell als der Vergessenheit des Ereignisses. Das Ge-Viert die in das Enteignis geborgene Fuge des Eigentums.

Denken – eigentliches – wie wenn es dies wäre: Die Sprache (das Sprachwesen) als Sprache – (als das Reichtum des Bereiches, d. h. die Weise des Eigentums) zur Sprache bringen, d. h. der Weise in die Enteignis zurück geben – verdanken. Solches Denken: der eigentliche Dank. 59

Denken –: Das Eigentum in die Sage seines Eigentümlichen bringen durch den eigentlichen Dank im Ent-sagen.

Der eigentliche *Dank*: Die Verhaltenheit des Zu-vor-Kommens als Ent-sagen.
    Das »Ent-« verlangt schon das Zuvor.

In das Nach-denken gelangen wir nie durch Anstrengungen des »Denkens« im Sinne des Vorstellen- und Wissen-wollens.
    Wir sind entweder schon in das Ent-sagen »der« Sage, d. h. ins Gehören der Enteignis gebraucht, oder wir sind übergangen, oder wir irren besinnungslos zwischen beiden, ohne sie zu kennen.

Rechnen durch das Experiment und das Ergründen durch Berufung auf den Schöpfergott – gehören zusammen, halten sich im Anspruch des Herstellens – und bestimmen das neuzeitliche Verhältnis zur Natur.

Die Versäumnis (das Säumen) »des« Ereignisses.
    Verweigerung seines Einblicks.   Vergessenheit

Heute lebt das eigentliche Denken nur noch in »Reservationen« (vielleicht weil es seiner Herkunft nach ganz alt ist wie auf ihre Art die Indianer). Es vermag unmittelbar gegen das rechnende Denken, das von seinen Erfolgen und seinem Nutzen her wirkt und den Zeitgeist behext und so sich bestätigt findet, nicht mehr aufzukommen. Umso nötiger ist, daß unauffällig hier und dort noch einige Körner gesät werden, auch wenn das meiste auf technisch festgewalzte Fahrbahnen fällt.

76 Weil sie Denken nicht als Erfahrung vollziehen und ausstehen, sondern das Denken nur als »bloßes Denken« im Gegensatz zum »Tun« kennen, bleibt schon das Rätselhafte der Bestürzung durch das je zu Denkende aus. Daher kommt es, daß man die Worte, die als Sagen das Denken schon sind, nur als bloße Wörter zu hören vermag, denen eine etymologische Künstelei eine Bedeutung untergeschoben hat, die vollends ohne einen Sachbezug bleibt.

Mit der Steigerung der Informationsfunktion der Sprache verbreitet und verfestigt sich jene Vorstellung vom Denken.

Was ist hier zu »tun«?
Was anderes denn – *denken*
die Sage ohne Widerhall
das einfache Entwachen ins Geringfügige.
Dies: *daß* es nur auf seine Weise »*ist*«
wie – »der Schmerz«.

77 Kein »Werk« wird sein;
vielleicht ein Weg. Vgl. 57.
Die Zeit der »Werke« ist zu Ende.

Das Gedachte des zu-Denkenden [des Eigentums] *sagen*, sagend denken und in solcher Sage einen Weg im Eigentum gehen lassen aus dessen Be-wēgung.

In das Eigentümliche der Sprache eingehen – dies sagt:
Das Ereignis entsagen der Enteignis und so das Eigentum in das Reichtum (die »Sprache«) des Einfachen des Gevierts gelangen lassen. 114.

Der Kreuzweg:
Die Sprache auf der Rennbahn in die Information.
vgl. Der Satz des Grundes, Vortrag[19]
Die Sprache unterwegs in die Sage des Eigentums.

---

[19] [Martin Heidegger: Vortrag. Der Satz vom Grund. GA 10. A.a.O., S. 171–189.]

Insofern die Sprache nicht Alles, d.h. nicht das Eigenste des
Eigentums sagen kann, von ihm gesäumt wird, ist diesem Bezug
gemäß, gerade Alles »Sprache« im Sinne des Spiels der Weise des
Eigentums.

Die Sprache und das Eigentum –
Die Nichtigkeit und das Verfängliche der Sprache als bloße Aussage und Rede über ... spricht, gemessen am Wirken und Werk, an Geschick und Gesinnung in keiner Weise dagegen, daß die Sprache, wenn sie erst von ihrem Eigenen her erfahren ist, auch und gerade Wirken und Werk, Gesinnung und Geschick in das Reichtum des Bereiches einbehält. Als das Reichtum ist sie die Fuge des Eigentums, darein jegliches, was ist und nicht ist, so und anders ist, geeignet bleibt.

Achte dessen, daß je und je das bergend Freyende der Sprache sich entzieht zum Vorteil und Vorschub des verfallend Auflösenden.

»*Die Sprache*« ist *eigentlich* – das Spiel der Weise des Eigentums, dessen Eigentümliches; so daß »die Sprache«, als Sprechen und Gesprochenes, darin erst ihr Eigenes erlangt, d.h. verborgener Weise schon »hat«.

Das Ungedachte des Denkens ist schon vorausgedacht verborgenerweise vor-enthalten. Darum erfüllt das Denken sein Tun, indem es sich darauf einläßt, das Vorausgedachte zu erfahren, insofern es ihm nach-denkt.

Insonah das eigentliche Denken von sich aus dichtender ist als die Dichtung und daher schon als Entsagen – der »Be-Reich« für die Dichtung – muß das Denken als eigentliches in seiner Sprache und Sage einfacher sein als das einfachste Lied und Gedicht.

Befugnis ist Wagnis – vgl. *a*, vgl. Holzwege, 273.

Wer nicht erkennt, daß das eigentliche Denken eine Irrfahrt ist, war noch nie auf dem Meer, das es befahren muß.

80 *Die Sprache* – Was schon seit Jahren meine Vermutung war (seit dem Vortrag »Die Sprache«, 7. Oktober 1950 und 14. Februar 1951) hat sich jetzt nach jeder Hinsicht geklärt und entschieden: weder »über« die Sprache, noch gar *von* der Sprache und »zu« der Sprache läßt sich etwas Entsprechendes sagen. Gleichwohl kann das eigentliche Denken die Sprache sagen – in der Weise des Ent--sagens. Deshalb wird auch der Vortrag: »Der Weg zur Sprache«[20] ein Irrweg sein – als Vortrag. Indes bestärkt die sinnende Erfahrung des Irrgangs das Denken auf seinem Weg – und sie läßt erkennen, daß vollends »die Sprache« auch nicht »dichterisch« gesagt werden kann; denn alles Dichten ruht im eigentlichen Denken.

Das Ent-sagen ist noch verhaltener als das frömmste Fragen, das immer noch leicht im Angriff verharrt.
Das Entsagen: der *vermutende Dank*.

81 *Beiträge*
[Aus der Ἀλήθεια in das Eigentum]
Die Vergessenheit
als
Verbergung und Enteignis.
vgl. 53

Das Eigentum entzieht sich der Vergegenständlichung, d. h. dem vorstellend-ergründenden Denken – nicht aber dem sinnenden Denken als dem vermutenden Dank.

Eigentümlich wohnen die Sterblichen auf dieser Erde –

---

[20] [Martin Heidegger: Der Weg zur Sprache. In: Ders.: Unterwegs zur Sprache. A.a.O., S. 227–257.]

Je unbedingter wir das Gestell als das Währende denken, je näher sind wir dem Ereignis des Eigentums.

Wartenkönnen bis Hörende kommen und das Gedachte anfänglicher denken – und auch das Wartenkönnen noch *lassen* –

Befolgt allem Widerlegen zuvor immer erst das Auslegen. Jenes könnte dann durch dieses überflüssig werden.

Ent-sagen der Sage ihr anfänglich zu Sagendes.
    Ent-sagen : der Dank.
    Der Dank : das Denken
    das Denken : das Dichten

Nur wer *nicht* allein ist, kann einsam sein.

(-sam: gotisch: sama: das Selbe ($ἅμα$)
    Ein-sam: das Selbe im Einen des Innigen).

Das entbindende Band, das verbindet, indem es be-wegt.

Im Er-blicken werden wir die Her-vor-ge-brachten.

Die Wenigen, die noch das sinnende Denken hören können, in eine fruchtbare Sammlung zu einander bringen.

Doch wo das ent-sagende Denken ins Lehrhafte genötigt ist, bleibt es überall unzureichend.

Die Macht der Information und das Ge-Stell.

Das Ge-Stell verstellt das Ereignis.

Der Gott, er sei noch so fern und verborgen, verläßt uns *nie* – kann

Es nicht, weil wir als die Sterblichen in sein Wesendes eingelassen sind.

Die Lauschenden – die still gesammelt unscheinbar ins Lassen gehalten das lautlos Erfüllende – das Stillende – hören. Das unscheinbare Hören in das Geläut der Stille.

84   Im »Weg zur Sprache« bleibt noch das Eigentliche der Sage als Zeige verschwiegen.

Das Zeigen ≠ zur Schau stellen und nur zum Vorschein bringen, sondern:

Das Erscheinen lassen des Sichverbergenden *als* des Sichentziehenden.

Dies aber: die Enteignis das Eigenste des Ereignens.

Das Ereignis er-eignet sich aus der – in die Enteignis.

Das Gewesende ist das einzige Bleibende.

Es – das Ge-wesende – versammelt sich im Kommen.

Das Voll-Kommende, aus der Fülle des Versammelten Lebens Kommende – ist der *eigentliche Tod*. Er begrenzt weder ein Diesseits, noch grenzt er an ein Jenseits – Er ist nicht Grenzenhaft – sondern die Stiftung der Enteignis in die Erde

La muerte –

85   *Das Gering-Fügige*

Einer,
der
vom Denken verzehrt,
dem
die Liebe verwehrt, –

(dies) Alles erfährt,
durch – –
spät erst gewährt.

―

Winke II

Das Denken – seit dem frühen Griechentum bis zum späten Nietzsche –

ist die maßgebende Fuge im Geschick, als welches das Ereignis – in die Vergessenheit sich bergend-vorenthaltend – das *Sein* in die Lichtung gibt und den Weg zu den abendländisch-europäischen Sprachen findet – uralt indisch.

Aus *dem Denken* – ihm entsprechend kann allein Anfang blühen – doch das | Denken muß dabei sich opfern in das Unscheinbare des Unkennbaren dienenden Dankes –

Eine Gunst ist dem Denken gewährt:

sein Sagen ist, wo es ihm glückt, so, als sei nichts gesagt.

Das Denken durchscheint die wesentlichen Erfahrungsbereiche wie das Morgenlicht – das die Nacht verwahrt und den Tag ergibt und alles so – als sei es nichts –

Denken ist: Andenken die Enteignis, Vordenken den Tod im Nachdenken des Ge-wesenden.

Worauf ein Denkender zu dieser Zeit warten möchte? Darauf gewiß nie, daß er zum Thema einer richtigen Auslegung wird, um dann historisch abgelegt zu werden ins Vergangene und Überholte; so wenig wie darauf, daß er zukünftig wirke – sondern:

daß solches Denken sich verwandelt in eine Bestimmung, die es selber nicht kennt, darin | es verschwindet, selbst dann und gerade dann, wenn das Gesagte bleiben sollte.

Die Sage empfängt ihr Zeigen im Ereignis aus ihm – für es:

zeigen: dem hörenden Blick er-winken im Ereignis die Enteignis.

Die Sage als die Weise des Ereignisses:

Φύσις, Ἕν, Δόξα, εἶδος, γένος, οὐσία – ἐνέργεια – τόδε τι, καθ' ἕκαστον.

Wie verhüllt sind alle Bezüge – und ihr Geschickliches kaum zu ahnen –

Töricht ist dagegen die Anmaßung einer Historie der griechischen Philosophie – die von den Gelehrten für eine durchsichtige Abfolge von Lehrstücken gehalten wird, gar noch eine notwendige –; der Schatten Hegels.

Der *Anfang des Seins*: das *Ereignis* des Ge-Vierts.
Der Anfang des Seins ist ganz Anderes als die Ursache des Seienden.

88   *Die Befugnis, das Geringfügige zu ~~entsagen~~.*
↳ rufen
Solches Sagen zu seiner Sprache bringen.
Diese Sprache der Erde anvertrauen –
diese Sprache spricht –
sie sagt nicht etwas aus, legt nicht dar, sondern *weilt* nur als ein Eigentümliches des Eigentums.
Ein Lufthauch, der am Morgen das Wohnen anrührt und dann wieder »ist«, als sei er nicht.

Das Gering-Fügige: { das Ereignis enteignet sich
in die Fuge seines Ratsals.

Solches Sagen verbleibt im märzlich leisen Blühen

Rufen – nicht mehr ein Fragen
  noch nicht ein Antworten

Rufen und Vermuten.

Wie das Ereignis das Geringe fügt –

89   Um die groben Mauern abzutragen, die das Denken vermauerten und es nur als Kulturleistung, Weltansicht, Lehre, Wissenschaft auftreten ließen, bedürfte es auch grober Hammerschläge und des mühsamen Sichlösens aus der Umklammerung, in der auch die Destruktion beginnen müßte; und doch ist alles noch im Bisheri-

gen geblieben. Man hat den Versuch, das zu Denkende erblicken zu lassen, in die Vermauerung des Denkens eingemauert und inzwischen dem Reizgewerbe des Journalismus ausgeliefert.

Wer bedenkt schon einmal die Befugnis? Jeder folgt einer Bestellung – man beschäftigt sich und die anderen mit dem Geschäft der Geschäftigkeit. Hier ist überall kein Ort für das Denken. Alle fliehen es. Vielleicht mit Recht. – Keiner möchte in die Wüste.

Aber: *Es gibt die goldene Wüste*

———

Das verhaltene Rufen als
Sichsagenlassen nur: die Sage als die Weise des Ereignisses.

Eines nur wünsche ich – und lasse auch diesen Wunsch des Denkens noch fahren –: der Versuch, dem Sprachwesen nachzudenken, nämlich in seine Be-wegung durch die Sage, solcher Versuch möchte helfen, einiges Licht zu bringen in die Besinnung Hölderlins, die er in den weitgespannten Satzbögen der *Sprache* gewidmet hat, die im Stuttgarter Foliobuch niedergelegt sind (Vgl. Hellingrath, WW III, 303 ff.).[21]

Man weicht diesen Gedanken nicht einmal aus, weil man selbst dies nicht vermag, da man sie nicht kennt und die »Kenner« so tun, als *seien* sie nicht gesagt.

———

Nur die im Gehören Zuvorkommenden bereiten die Wildnis für die Ankunft jenes Kommenden, das der einzige Schmerz er-ruft, darin der irdische Himmel er-litten wird.

Der sowjetische Ministerpräsident erklärt (Anfang Januar 59) zur russischen Raumrakete: »Wir sind die ersten in der Welt, die eine Bahn von der Erde zum Mond in den Himmel bauen.«

90

91

---

[21] [Friedrich Hölderlin: Sämtliche Werke. Bd. 3. Gedichte / Empedokles / Philosophische Fragmente / Briefe. Besorgt duch Ludwig von Pigenot. Propyläen Verlag: Berlin 2/1923.]

Dazu vermerkt der Leitartikel der »Welt« vom 5. I. 59 im ersten Satz: »Niemand vermag die prahlerischen Worte Nikita Chruschtschows zu widerlegen, daß es der Sowjetunion als erster Nation in der Welt gelungen sei, eine Bahn von der Erde zum Mond in den Himmel zu bauen.«

»Prahlerisch« ist die Feststellung Nikita Chruschtschows in keiner Weise. Auch behält der Verfasser des Artikels recht, wenn er meint, daß »niemand« die Worte zu »widerlegen vermöge«. Was soll hier eine Widerlegung? Das erste muß doch bleiben, sie erst zu durchdenken und zu erkennen, daß wir die Worte nicht zu durchdenken vermögen [in dem], was sie sagen. Denn weder gibt es noch »die Erde« noch »den Himmel« im Sinne des dichterischen Wohnens. Was die Rakete leistet, ist die Verwirklichung dessen in technischen Apparaturen, was seit drei Jahrhunderten immer entschiedener als Natur gestellt und jetzt als universaler – interplanetarischer, interstellarer Bestand be-stellt wird. Die Raketen-Bahn stößt Erde und Himmel in | die Vergessenheit. Wozwischen sie sich bewegt, ist anderes als Erde und Himmel. Der Artikel müßte beginnen: Niemand ist heute bereit und vermögend, solches zu denken und zu erfahren, daß diese Weltveränderung kein »neues Zeitalter beginnt« – sondern ein schon bestehendes in seine äußerste Vollendung hinaustreibt.

———

Die immer wiederkehrende nüchterne, aber alle Geschichte des abendländischen Denkens be-wegende Frage ist kaum gefragt, geschweige denn beantwortet. Es braucht einer weitreichenden Erfahrung, um durch diese Frage unmittelbar in das Sichereignen des Ereignisses versetzt, *d. h.* dahin erweckt zu werden. Die Frage lautet: Woran liegt es, daß alles Wesen im Sinne der *essentia nicht* aus dem esse als εἶναι, Anwesen sich bestimmt, sondern aus dem quid, dem Was, das als εἶδος und τέλος innerhalb der Ποίησις gestiftet wird (vgl. Die Frage nach der Technik).[22] Wie gelangt

---

[22] [Martin Heidegger: Die Frage nach der Technik. In: Ders.: Vorträge und Aufsätze. GA 7. A.a.O., S. 5–36.]

Winke II

die Φύσις unter die Botmäßigkeit der Ποίησις, die selber aus dem Hervorbringen ins Herstellen drängt.

Φύσις	das von sich her Aufgehen (lassen)	⎫
Ποίησις	das Her-vor-bringen	⎬ Ἀ-Λήθεια
Θέσις	das Hin-stellen	⎭

93

Die Ποίησις übernimmt aus der Mitte zwischen Φύσις und Θέσις die Be-stimmung der Φύσις und der Θέσις.

In der Φύσις waltet noch das Sichverbergen aus dem, als welches sie west.
    In der Ποίησις geht die Neigung in die Unverborgenheit.
    In der Θέσις herrscht das Verfügbarmachen des Unverborgenen.
    Je nach dem waltet auch das Anwesen; kommt das Εἶδος in den Blick und verhilft zur Bestimmung der Ποίησις aus dem Hinblick auf ὕλη und μορφή – aus dem Vorblick auf das Ποιούμενον als das ἔργον – εἶναι als ἐνέργεια – (δύναμις).
    Die nachmalige Bestimmung des Seins als *vis*, Kraft, »Wille«, hat hier die Herkunft.
    Im Gezeichneten: der Entzug der Ἀλήθεια.

Die Vorstellung von der Philosophie der Griechen und durch diese hindurch die Ansicht von dem in ihr Gedachten wird bestimmt durch Hegels Geschichte der Philosophie und deren Umsetzung in die positivistische historisch-kritische Philosophiehistorie seit der Mitte des 19. Jahrhunderts. In diesem Vorstellungsbereich hat sich mit der Zeit noch die theologisch-scholastische Vorstellung von der Geschichte der Philosophie eingeschoben – Die Griechen als Heiden! –

94

    Alles wird be-griffen aus dem Gesichtskreis von schulmäßigen Lehrbegriffen und Sätzen und »Wahrheiten«, d. h. Irrtümern her. Es scheint keine Möglichkeit, diese Verschüttung des Denkens zu beseitigen.
    Man beschäftigt sich mit dem Schutt und gibt ihn für das Wirk-

liche aus. Psychologie und Soziologie helfen noch; denn *sie* haben diese Schuttvorstellung als Voraussetzung für ihre Theorien nötig.

Vergessen wir nicht zu früh das Wort Nietzsches:
»Die *Widerlegung* Gottes: – eigentlich ist nur der *moralische* Gott widerlegt.« XIII, S. 75, 1886.[23]
Also ist der Gott nicht tot. Seine Gottheit lebt. Aber verborgen und nicht bedacht.

95 Die Fuge des Geringen des Gevierts:
der Schmerz –

Not ist keineswegs; für die moderne Technik und die mit ihr identische Wissenschaft, die gemäße Vorstellung von »Geschichte« zu finden. Not ist, zu erfahren, wie im Wesenden der modernen Technik, im Ge-Stell, die metaphysische Vorstellung von Geschichte, Ablauf, Zeit, schon verlassen ist und das Ereignis sich ankündigt, das weder von der Geschichte noch vom Seins-Geschick her je noch gedacht und eingeholt werden kann.

»Seinsgeschichte« – ein Wort der Verlegenheit, gesagt aus dem Blick in das Ereignis, das zugleich noch verschwiegen bleiben soll. (Vgl. Beiträge). Seins-Geschick: ein Augenblick der sich entziehenden Jähe des Ereignisses.
Ereignis – nur für Augen-Blicke je ein Augenblick; kein ἀεὶ ὄν; kein actus purus.

96 Hölderlin (Bruchstück n. 57, Stuttgarter Ausgabe II, 332)[24]
»Ähnlich dem Manne, der Menschen frisset
Ist einer, der lebt ohne
(Liebe)«

---

[23] [Friedrich Nietzsche: Unveröffentlichtes aus der Zeit der Fröhlichen Wissenschaft und des Zarathustras. Werke. Bd. XII. Kröner Verlag: Leipzig 1919.]
[24] [Hölderlin: Sämtliche Werke. Zweiter Band. Gedichte nach 1800. A.a.O.]

Denken: der verhaltene Weggang in das Zuvorkommen des Entsagens: sagend nämlich den An-fang, ihn, *ent*-hörend dem Ereignis, zeigend die Enteignis und also sagen die Fuge des Gering-Fügigen.

Vermag ein Sterblicher zu zeugen für den Menschen, was dieser sei, durch die Sprache in der Weise des gebrauchten Sagens?

Die Sterblichen – sie vermögen den Tod als den Tod im Leben – im höchsten – einfachen Leben des Augen-Blicks.

Tod ist: das Ge-Birg des Seyns
        die wahrende Innigkeit der Fuge.

Die Entgegnis: Ent-gegnen der Gegnung   97
   von L. u. D.
   in das Selbe
   [ἕν διαφέρον ἑαυτῷ]

Denken: das verhaltene sich sagen lassen:
   die Sage als die Weise des Ereignisses –
   durch die Weise aber das Ereignis als die Enteignis.

Die Weise läßt sich nie für sich sagen, d. h. aussagen; sie läßt sich nur weisen im Vermuten.
   Das Verhaltene im Denken wird bestimmt aus dem Geringfügigen der Enteignis.

Das dichtende Wesen aller Kunst.
   Das denkende Wesen alles Dichtens.
   Das sagende Wesen alles Denkens.
   Das eigentümliche Wesen alles Sagens.
   Das Geringfügige des Eigentums.

98 *Um-nachtung* – wenn wir dieses Wort nicht verneinend und abträglich hören – sondern: das bergend-Umgebende der Nacht als der Mutter eines fernen Morgens –

Die Trägheit des geläufigen Sprechens.
Das Ausweichen vor der Sage der Sprache.

Wie der späte Hölderlin in die Frühe des Geringen einkehrt.

Der Weg – ist das nie erzielbare Ziel –
Jeder Weg hat seine Voll-endung je nur in der Be-wëgung.

Kann der Mensch für bloße Werte sterben? weder dies noch leben. Bloße Werte – und seien es Kulturwerte – sind nichts wert – d. h. sie taugen nichts, um Sein zu erbringen –
  Sie bergen kein An-wesen, das uns anruft in den Bereich der Verschwendung.

99 Innigkeit ist die ereignende Enteignis.
    Dies sagt:
    Der dämmernde Morgen läßt die Nacht in ihre bergende Fülle zurückströmen.

Je unermeßlicher die Weite der Innigkeit,
  Je einfacher das Fügige des Ge-Vierts.

Welches Denken ver-langt, d. h. erlangt ersehnend, das Undenkbare, um darein enteignet auf sich zurückgebracht zu werden in das reine Ent-sagen?

An-nehmen das vierfältige An-wesen im Ereignis: *Sein* in dessen Reichtum erfahren.
  Hören in das Namen- und Herkunftlose –
  Aushalten das leuchtende Geheimnis des Gesagten

Winke II

Der Verstand – als das Einverständnis inmitten der Innigkeit der Fuge.

In der oberdeutschen Mundart hat sich das mittelhochdeutsche Wort »losen« erhalten:* es hat nichts zu tun mit »Los« als Schicksal, sondern besagt: aufmerksam, behutsam hinhören und geht zurück auf das althochdeutsche »klosen«, das griechische κλύω, hören, hören auf ..., erhören;

dieses schöne Wort möchte wieder gehört und gesagt sein – losen und er-losen –

hören in die lautlose Stimme der Be-Stimmung des Geläuts der Stille – als der Weise des »Eigentums«.

* z. B. bei Johann Peter Hebel, Die Wiese.[25]

Er-losend ent-sagen –

Vermuten die Zumutung der An-mut des ereignishaften An-wesens – der Gewahrnis des Seins

Wie abgestanden, zu-kunftslos die soziologiebeflissenen Rationalisten sich ausnehmen vor dem erfahrenden Denken des Er-eignisses – als der Fuge des Rat-sals.

Die Be-wegung des Selben in das Eigentum und als dieses ist die erfüllte Ruhe des Überfließens in den An-fang.

Wie könnte der Mensch jemals schon »die Mitte« verloren haben,[26] wenn er noch niemals in sie als das Eigentum eingekehrt ist, nicht einmal das Wesende der Mitte sinnend erfahren – und die denkende Sage gebracht hat?

---

[25] [Johann Peter Hebel: Alemannische Gedichte für Freunde ländlicher Natur und Sitten. F. W. Hendel Verlag: Meersburg 1929, S. 201–210.]
[26] [Vgl. Hans Sedlmayr: Verlust der Mitte. Die bildende Kunst des 19. und 20. Jahrhunderts als Symptom und Symbol der Zeit. Otto Müller Verlag: Salzburg 1948.]

Die Mitte: das ereignend-enteignende Ver-Haltnis der Fuge des Gering-Fügigen des Gevierts. –

Das *Sich-Ver-sagende* – in die Verhüllung sich Rettende – die Enteignis
 empfangen wir nur im eigentlichen Ent-sagen – das nicht »Verzicht« ist – sondern *Gehören*.

Ist vielleicht das rechte Hören ein *Vor-sagen*? Und dieses? Ent--sagen das Wort dem Ungesagten?

102 Der Hinweis auf Hölderlins »Griechenland«[27] möchte nicht mit der »Hölderlinforschung« wetteifern, die ihre zugemessene Aufgabe hat.
 Der Hinweis möchte nichts beweisen, kann dies auch nicht, weil er nichts behauptet, sondern nur Winke versucht, zum vermutenden Hören.

Wenn sie glückte – aus ...
 die Komposition des denkenden Vorklangs,
 des vordenkenden Anklangs
 zum einzigen Einklang –

Statt des Systems und des Aphorismus braucht das unscheinbare Denken das Ereignis: die stimmende Komposition der Sage des *Weges*.

Die Komposition: nicht zu meinen als die Zusammenstellung zum Werk – sondern: die Versammlung des Ankommenlassens des Einklangs in das Verklingen zur Stille.

---

[27] [Martin Heidegger: Hölderlins Erde und Himmel. In: Ders.: Erläuterungen zu Hölderlins Dichtung. GA 4. Hrsg. von Friedrich-Wilhelm von Herrmann. Frankfurt am Main 1981, S. 152–181.]

Winke II

~~Man verzeichnet öfter »Heidegger« als den »umstrittensten Denker der Gegenwart«. Würde man versichern: der am meisten in der Verheimlichung bestohlene, dann wären die leeren Feststellungen noch richtiger.~~ Philosophie als Kleptomanie. 103

Erinnern: in die Innigkeit der Mitte das unendliche Ver-Hältnis einbehalten.

Seins-Vergessenheit ist die verstellende Verweigerung des Gering-Fügigen.

Denken: den einfachen grundlosen Goldgrund zeichnen, aus dem Hölderlins Gedicht von selber sagend wird.

Wie Dichten und Denken einander rufen. Ihr Sagen ist kein Aussagen – (der Anschein von Sätzen).
Das zeigende Ent-sagen des Denkens verhilft ins Freye des Gevierts, rufend die Bedingnis der Dinge.
Das Ent-sagen; kein Tun und kein Nehmen. Die Befugnis zum Entsagen ist ereignet im Brauch der Sterblichen.

Was vergessen bleibt im griechischen Sinne, d. h. verborgen vorenthalten, braucht nie zuvor erinnert und schon gegenwärtig gewesen zu sein. Die eigentliche Vergessenheit ist kein Mangel, sondern der aufbewahrte Reichtum der Wahrnis des Seins. 111 104

Woher kommt das geschickhafte un-zu-reichende Erfahren, woher das Verkennen des Ge-Vierts?

Woher stammt die Vormacht der Aussage, so daß an ihr alles Sprachwesen gemessen wird.
Wenn das Sagen ins einfache Entsagen des Gevierts geht, wird es für die Vielen, die nur Aussagen feststellen wollen, überall zu schwer, darum lästig, darum unverbindlich.

Auf-heben als Begründen
Ent-sagen als Gehörenlassen.

Denken heißt: den Einblick des Unscheinbaren aus der Fuge seines Scheinens er-blicken. Sehend-hören das [sic] unsichtbare Stille des Ereignisses – *zeigen*.

105 Wie entgegnen wir der gestellhaften Herausforderung im Westen und Osten?
  Aus dem *An-fang*. Das gemäße Entgegnen ist das Zuvorkommen in den Einklang.

In das rechnende Denken verstrickt, dessen äußerste Form die spekulative Dialektik ist und deren Umkehrung – kennt man als einzigen Bezug zum Kommenden: das unbedachte Rechnen auf dieses. Man bedenkt nicht, welches Dasein des Menschen das eigentlich Kommende allein zu rufen vermag: das dichterische Wohnen aus der Fuge des »un-endlichen Verhältnisses«.[28] – Wir vermögen vielleicht ein fernes Vorbereiten solchen Wohnens im ent-sagenden Denken: das gewandelte Sagen, das Hören in das Unsägliche, das Leuchten aus solchem Gehören.
  Die Vollendung und in ihr gesetzt das Ende, die Verendung der Philosophie vollzieht sich durch die Herrschaft des Wesens der modernen Technik, im Ge-Stell – als die vorstellende Ankunft des Ge-Vierts im Ereignis.

106 »*Ewig*« – d. h. die Jähe der unvorhersehbaren, im Gewähren des Ereignisses währenden Einkehr des Selben.

107 Das Gebet –
  Hören wir die Sprache. Dort ist gesagt: Gebet stammt nicht von *beten*, sondern von bitten. Gebet ist die Sammlung in die stille Bitte, in das einfache Verlangen, behütet zu sein in der Huld, die

---

[28] [Vgl. ebd., S. 176 f.]

Es gewährt, gerettet in das Selbe gehören zu dürfen, an-gefangen von ihm. Bitten: sich ver-danken.
Die stille Bitte ist das innige Rufen nach der Huld, das Hören auf ihr Geheiß, das sagt: »Alles ist innig.«[29]

χαρίζειν heißt:
   Freude bereiten
   Freude *sein* für ...
   hold sein der Huld

Das Ge-stell – der verstellend verweigernde Anruf aus der Fuge des Ereignisses
und
das *Gebet* des Denkens.

Das große Vermögen eines reinen Gebens, das alles in sich zugleich wieder behalten darf – in sich als dem Selbst, das offen ist in die Helle des Gevierts 108

Im ent-sagenden Denken erwachen für dieses die Anblicke, die erst Anfängliche Bilder bilden, daß An-schauung im Ereignis gewahrt bleibt aus ihm gewährt.

Das Geschick »des« Seins: das Sichschicken (Ereignis) als vorenthaltene Verwindung des Seins. Das Geschick ist: die Seinsvergessenheit, d. h. der sich verbergende Entzug der Wahrheit des Seins – als Ereignis.

Die Verwindung des abendländischen Denkens aus seinem Anfang in sein vorenthaltenes Eigenes. Von der Aussage in die Sage des Ent-sagens.

---

[29] [Friedrich Hölderlin: Pläne und Bruchstücke 22. In.: Ders : Sämtliche Werke. Zweiter Band. Gedichte nach 1800. A.a.O., S. 321.]

109 *Die Erfahrung der Fuge*:
[Sein aus Ereignis]
Insofern das *Ent-sagen* alles wohnende Bauen der Sterblichen be-stimmt, selber gestimmt aus der Stimme der Stille –
gehören die Sterblichen als die Ent-sagenden in das Ereignis.
Die also Gehörenden erst hören die Fuge in ihren Fugen.
Dieses währt ereignend-enteignend das Geviert in das un-endliche Verhältnis.
Auf solche Weise während »ist« die Fuge das Sein – währt An--wesen aus dem Ereignis.

Sagen wir »Sein«, nennen wir die Fuge, sobald wir ent-sagend – das Ereignis an-denken.

Die Sterblichen und der Tod
　Der Tod und die Sage
Die Entsagenden und die Sterblichen.

110 *An-wesen* zeigt in die »Zeit« im Sinne des Zeit-Spiel-Raums des Gevierts –
Erst aus dem Ereignis des Gevierts läßt sich Sein als An-wesen denken.
»Zeit« ist der Vorname für die ereignend-enteignende Wahrnis des Seins.
Das Wort »Sein« spricht dumpf und dunkel, solange wir nicht die Herkunft von An-wesen aus dem Ereignis erfahren.
Wie läßt sich einfach die Wahrnis von An-wesen im Ereignis sagen?

Was *bestimmt* das Vierfache dessen, was sich dann schulmäßig als System der Metaphysik verfestigte: metaphysica generalis, metaphysica specialis: rationale Psychologie, rationale Kosmologie, rationale Theologie?
Von diesem Vierfachen gibt es keinen Weg in das Geviert; aber aus dem Ereignis des Gevierts läßt sich zeigen, wie auf langen

Wegen sich das Anwesen des Anwesenden – als Grund und Idee
in das Vierfache verfestigt, das gerade das Ge-viert als solches verstellt.

Gibt es Leitworte für das Unausgesprochene dessen, was heute *ist*?   111
  vgl. die Bremer Vorträge, Dezember 1949[30]

Übereilung und Überraschung –

Jene betreiben wir, diese trifft uns.
  Jene macht sich im Berechnen,
  Diese kommt aus dem Ungeahnten.
  Jene verfolgt einen Plan,
  Diese besucht ein Verweilen.

———

Er-kunde die Ur-Kunde
  der Wahrnis des Seins im Ereignis

———

Was ist »eigentlich« schon geschehen?
  Die Vergessenheit als die Wahrnis
  der Wahrheit des Seins. 104

Sonntag, den 12. Juli 59. 1/2 3 Uhr morgens.[31]   112
  Indem Er ankommt, entschwindet der Tod. (99)

Die Sterblichen sterben den Tod nur im Leben.
Im Tod werden die Sterblichen un-sterblich.

---

[30] [Heidegger: Bremer und Freiburger Vorträge. 1. Einblick in das was ist. Das Ding – Das Ge-stell – Die Gefahr – Die Kehre. 2. Grundsätze des Denkens. GA 79. A.a.O., S. 3–77.]
[31] [Datum und Uhrzeit zeigen Dory Viettas Todesstunde an.]

Die *geliebten* Toten hören die Stille
der Stimme des unendlichen Zuspruches.

113 »*Sein und Zeit*« (vgl. Der Anfang des Seins, S. 87 u.)[32]
Die notgedrungen von der Metaphysik her angesetzte und dadurch ihr noch verhaftete *Seinsfrage* als Frage nach dem, was »Sein« sinnt, bewegt sich in dem hermeneutischen Zirkel:
Vom Sein als Anwesen her ist Da-sein und dessen Auslegung bestimmt und begrenzt. Vom Da-sein aus und seinem verstehenden Bezug »zum« Sein möchte dessen Sinnen, der Zeit-Spiel-Raum gesagt werden.
Der Zirkel beruht in der »Kehre« und so beruhend ist er kein »Zirkel« mehr. Weshalb nicht? (vgl. Sein und Zeit, § 63)
Die Kehre ist dem Ereignis ent-sagt, aber so, daß sie dieses noch verstellt. Alle Rede von Zirkel und Kreisen kommt aus einem Vorstellen, das sich in das Ereignis, worein es gehört und darin somit schon west, einläßt.
Dies gilt sogar von der Kehre. Auch sie noch zurücklassen.

114 Das festgewurzelte dialektische Vorgehen, sein notgedrungen Umwegiges mit der Wurzel ausreißen. Weder Dichten noch Denken (im Sinne des begründenden Vorstellens).

Die Sprache verwahrt jede Aussage über ihr Wesendes. Das Wesende ist die Sage, *die* Weise der Fuge des Eigentums, deren Eigentümliches.
Die Weise verlangt die Sprache des Entsagens. Dies klingt wie eine Aussage über die Weise. Fassen wir den Satz in solcher Bedeutung, dann überhören wir, was er sagt: das verlangende Brauchen, darin die Sage als die Sage die Sterblichen ruft. Wir hören es nur: im Gehören.

Die Sprache als die Sage: die Fuge des Eigentums. 77.

---

[32] [Nicht ermittelt.]

Die Fuge »ist« in sich weisend, zeigend, reichend stillend — ist Sprache — ins Wesende gedacht. —

In der Fuge des Ereignisses des Ge-Vierts »spricht« »die Sprache«.

Noch ist die Ortschaft des Ortes, zu dem mein Denken unterwegs bleibt, nicht in ihr Gepräge ausgezeichnet. Diese Zeichnung zu vollbringen, heißt jedoch zugleich die Fuge des Ereignisses in ihr Gefüge ent-sagen, dies jedoch in den Grenzen des Gebrauchtwerdens eines Denkens für die Sage.

Eine Möglichkeit — Daß die Vollendung der Herrschaft des Ge-Stells zum Anlaß einer Lichtung seines Wesens als Ereignis wird, daß so erst die Wahrheit des Seins ins Freie gelangt. Der An-Fang kommt zuletzt. Dem entspricht ein Denken, insofern es dieser Möglichkeit den Weg frei hält in der Weise des Ent-sagens — inmitten der alles verstellenden Soziologie, Psychologie und Logistik.

Zu einer Zeit werden Denkende das Vorspiel der Dichter.

Es ist an der Zeit, die Philosophie auf das von ihr notwendig vergessene, d.h. ihr verborgen vorenthaltene und so gleichwohl vorgehaltene (zugeschwiegene) *Denken* eingehen zu lassen.

Dies jedoch nicht der Philosophie wegen, als sei diese etwas für sich, sondern weil in der »Philosophie«, im Λόγος zu erst, das zu Denkende als das »Sein« zu *seiner* ersten Sprache gekommen ist — zur vor-anfänglichen.

———

Das Ent-sagen = die Sprache des ereignishaft gebrauchten Denkens.

Solches Sagen ist nicht gegenständlich gerichtet. Das Ent-sagen ent-ruft vermutend aus dem Vorhalt des Ver-Hältnisses der Fuge: das Ereignis ins geschwiegene Wort.

Ent- : aus dem Ver-Hältnis her — gehört.

Ent- : in seine Fuge (-los) — gelöst.

Der Fort-schritt »der« Wissenschaft – allerdings: immer schneller und weiter fort von der Möglichkeit des Denkens »an« die Seinsvergessenheit.

117 »Sein und Zeit«. Immer neu zu erinnern: Solange nicht die *Frage* von »Sein und Zeit« als Frage des *Denkens* aufgenommen ist und aus ihr, der gefragten her, dem Versuch jener Abhandlung entgegnet wird, solange die genannte Frage nicht als die, die sie ist, ihre Erörterung an ihrem Ort findet, wo sie nie heimisch geworden, verschwindet, solange bleibt alle Polemik ein bodenloses Gemache, das sich seine Unterstände schon gesichert hat.

Welches sind die Handlungen des Denkens?
Dem Anschein nach handelt es nicht, ist nicht und wird nicht »praktisch« und wirkend.
Die Handlung des Denkens ist: *das Denken.*
Dies wird denkender, je freier es sich in den Bereich des zu-Denkenden begibt:
Als das Bauen an der Sage des Ereignisses, welches Nach-sagen unvermerkt die Sprache nicht erst im Wörterbestand, sondern in der *Weise* (von Entsprechen und Anspruch) verwandelt.
Bauen: 1. wesen lassen; 2. Her-vor-bringen die Sage des Ereignisses in die Sprache des Eigentums.

118 Inwiefern kann vermutlich noch kein Untergang sein der Erde und des menschlichen Wohnens auf ihr?
Insofern der An-fang des Seins in das Ereignis noch nicht Anfang geworden ist. Zu solcher Zeit, da überall das Ge-Stell der Perfektion seiner Machenschaften zutreibt, könnte die Verborgenheit des Anfangs als solche ins Scheinen kommen.

Dem bisherigen Sein und Zeit entspräche
Vergessenheit und Ereignis.

Vergessenheit des Ver-Hältnisses im Eigentum.

Der Weg durch das »Dasein« stets unumgänglich, aber jetzt als die Ortschaft des Brauches und damit aus dem Austrag des Ver-Hältnisses.

In der Einleitung zu »Sein und Zeit«: »Sein: das transcendens schlechthin«.³³ Dies sagt nicht Überstieg weg vom Seienden zum Überseienden, sondern: Über (das *Seiende*) *her*, daß es *als solches* gelichtet werde.

Das zu-Denkende ist das Unverwendbare im Sinne der nutzenden Verwendung.
    Aber das zu-Denkende birgt in sich die Möglichkeit der Wende: das Unverwendbare als die Wende.

Es wendet sich das Sein des Seienden in das, woher es kommt, in das Ereignis – darin Sein als Anwesen und dessen Geschick gewährt.

Die *transzendentale* Frage –
zuvor beachten, in welchem Bezirk der Überstieg vollzogen wird: ob allgemein unbestimmt ins κοινόν und ἰδέα – platonisch, ob im Bezirk des Bewußtseins und seiner Gegenstände.
    Die Formel: »Bedingungen der Möglichkeit« bzw. »Grund der Möglichkeit«, Ermöglichung – geht auf ποίησις und λόγος – hervorbringen – ratio – (rechtfertigung –) rechnen auf ... und mit ... zurück.

Im Schritt zurück wandelt sich die Weise des Denkens – nicht mehr rechnen auf Ermöglichung, sondern: Entsagen die Ereignung.

---

³³ [Heidegger: Sein und Zeit. GA 2. A.a.O., S. 51: »*Sein ist das transcendens schlechthin.*«]

120 *Ent-sagen* – vgl. ob. bes. S. *38 ff.* |123|

    Ent-sagen
    Sagen die Enteignis im Ver-hältnis
    Sagen das Ereignis »der« Fuge des Ratsals

ent-sagen: wie
    ent-locken – entlassen
    ←   →
ent…   ent…
von her
←   … weg zu …
    ent-falten
               einschließen
    ent-halten <
               weglassen
    entflammen

Ent-sagen: Lassen das Ver-Hältnis
              Lassen: freyhalten für die Freyheit

121 Bloße Polemik – die nichts austrägt, weil sie sich auf die Sache nie einläßt, ist stets das verräterische Zeichen dafür, daß die Schriften dessen, gegen den man polemisiert, ab- und ausgeschrieben worden. –

Vermutlich wird es keine *Nachwelt* mehr geben. Das Sagen und Bilden darf sich nicht mehr dort geborgen und vielleicht wesend wissend. Daher ist es gemäß, nur noch auf vernutzbaren Bestand, das bloß Bestandlose hinzuarbeiten – in allen Bezirken des »täglichen« Wirkens.

Für das Sagen und Bilden wird jener in diesen Blättern schon öfter genannte Wink zum Maß –: daß sich das Sagen ohne Ausblick auf irgend eine Nach- und Fortwirkung rein dem zu-Sagenden anvertraut und ihm zur Gunst dem Brauch genügt. Dies ist wesentlich anfänglicher als einst die reine θεωρία.

Darum auch zu bedenken:

Der äußerste Augenblick der Kunst – da sie ihr mögliches Werk rein dem Ereignis aus diesem in diesem weiht und ohne die Erfahrenden in reiner Einsamkeit in die Verborgenheit der Enteignis sich entzieht.

Es mag schon genug erreicht sein, wenn nach dem Vortrag zu Hölderlins Gedichtentwurf »Griechenland« einige Hörer den Text anders lesen als zuvor.

Dimension – der Be-Reich, das durch das Ver-Hältnis hindurch Reichende der Maßgabe aus der Befugnis durch die Fuge des Ereignisses.
Vgl. Grundsätze des Denkens, 1. Vorlesung.[34]

Nicht Anti-Metaphysik, aber auch nicht Neubelebung der Metaphysik, sondern Über-windung. Die Metaphysik als Verwindung ihres Wesens, dahin – ins eigene Wesen sie selber gerade nie reicht. Ver-windung im Sinne der »Winde«, wie die Rebe überwindet – über- | rankt, über-wächst. Dieses Wachsen aber aus dem Erwachen der Fuge des Verhältnisses in ihr Geviert.

Die in Jahrzehnten (durch Vorlesungen und Übungen) versuchte geschichtliche Auslegung des vormaligen Denkens und seines Gedachten im Ungedachten hatte niemals eine historische Darstellung von Lehren und Systemen zur Absicht, sondern überall nur die Vorbereitung eines Einkehrens in das Gewesene, dem wir immer schon zugekehrt sind.

Die sich ereignende in das Ratsal des Ver-Haltnisses sich enteignende Fuge.

---

[34] [Heidegger: Bremer und Freiburger Vorträge. GA 79. A.a.O., S. 81–96.]

Der Enteignis gemäß: das Entsagen. 120

124 *Der Schritt zurück* ... besagt: zurück vor ... dem, was *ist*; das sich lösen aus der »Verfallenheit« an das Seiende (für sich genommen) zurück vor diesem, wodurch das Sein als Sein »des« Seienden zugelassen wird als das Wesende —; dies aber nur der erste Schritt im »Zurück«, d. h. in der Verhaltenheit vor ...; vorbereitend das Entwachen in die Wahrheit des Seins, welche Wahrnis das »Sein«, d. h. den Austrag verschwinden läßt in das Ver-Haltnis des Ge-Vierts.

Schritt zurück — besagt niemals: Schritt zurück in ein Vergangenes, um dieses als Zuflucht aufzusuchen oder um es zu erneuern und wiederzubeleben.

Im Schritt zurück — wie das »Sein« als Geschickliches erblickt und damit das Einstige als das Gewesen und das Ankommen — die zusammengehen im Ver-Haltnis als dem Ereignen der Fuge.

125 Die Sprache ist die vorbereitende Sage des Geläuts der Stille der Fuge im Ratsal, die Sage als das Eigentum der ereignenden Enteignis des Ge-Vierts in das Ratsal.

Verlautend, verlautet ist die Sage das Wort. —

Die Sage als verzeichnet in die Bild- und Laut-Schrift erdig--himmlische verwahrt im Bauen der wohnenden Sterblichen.

ereignende Enteignis
in Laut und Schrift — aus der Sage ↔ aus der Fuge in das Ratsal

Die Modalitäten sind Modi wovon? Wovon anders als »vom« *Sein* des Seienden, gesetzt, daß dieses wesentlich genug gedacht und nicht mit »Wirklichkeit« gleichgesetzt wird. Weshalb kennt das griechische Denken keine »Probleme« der »Modalitäten«? δύναμις und ἐνέργεια besagen ganz anderes — freilich auch dies, daß hier sowenig wie ein πολλαχῶς λεγόμενον ὄν des εἶναι ἢ εἶναι gedacht wird und das Denken sich aus diesem zu-Denkenden bestimmen läßt.

Was heißt: die Reflexion zu Ende reflektieren? Worin besteht das Ende der Reflexion?

In ihrer Vollendung – im Sinne der vollständigen Erfüllung ihres Wesens? Darin, daß die Reflexion in ihre eigene Wesensfülle gelangt? Woher bestimmt sich diese? Was heißt überhaupt Reflexion?

Die *transzendentale Frage* nach den Bedingungen der Möglichkeit frägt nach der *Ermöglichung*; deren Wie ist mitbestimmt aus dem, was die »Wirklichkeit« ausmacht. In jener Frage ist eingeschlossen die Frage, wie diese »Bedingungen« bestehen, woher sie und als was sie gewährt sind.

Die *transzendentale* Frage ist vermutlich von der creatio des ens creatum her bestimmt und so in sich schon ungriechisch. Wogegen ποίησις als Hervorbringen nicht so sehr die Aktion des Verfertigens und des Bildens meint, sondern das Her-vor-kommen--lassen – des schon Vor-Liegenden – ὑπόθεσις (hat nichts mit »Voraussetzung« durch ein setzendes Ich zu tun) – eher das bloße (lässige) zum Grunde liegen lassen.

ὑπόθεσις – θέσις als Legen im Sinne des Liegen-lassens ist bezogen auf Anwesen des Anwesenden. Aber in der ὑπόθεσις *nicht* die Ermöglichung als solche gedacht; sie ist nur gebraucht.

Ermöglichung – aus dem *Ereignis* zu denken, aus der Gewährnis, der im Brauch der Sterblichen entspricht das Mögen als Währenlassen.

Aber das Ereignis läßt sich weder von Sein her noch von dessen Modalitäten aus, z. B. der »Wirklichkeit«, denken – d. h. als be--stimmendes sagen.

Wie aber das ἀνυπόθετον zu denken? was heißt ἐπ' ἀρχὴν ἀνυπόθετον ἰέναι[35] – als Denkweise des Philosophen im Unterschied zu der des Mathematikers?

---

[35] [Platonis Republica. In: Platonis opera. op. cit., 510 b 7]

Besagt von hier aus gedacht ὑπόθεσις nicht doch Vor-aus-setzen? Oder wenigstens voraus-liegen-lassen und zwar unvernommen, nicht eigens gesagt, d. h. gezeigt?

Die Ermöglichung: die Ertüchtigung: Ertauglichung
ἰδέα τοῦ ἀγαθοῦ –

128 »*Sein und Zeit*« – beginnt mir der »Analytik des Da-seins«,[36] dessen Grundzug im Seinsverständnis erblickt ist. Der Mensch: das Wesen, das west im Seinsverständnis – Verstehen aber wird gekennzeichnet als Ent-wurf. Dieser Titel läßt sich nach den gewohnten Vorstellungen allzuleicht mißdeuten, so, daß darin nur ein Akt des »Subjekts« gesehen wird. Aber das Entwerfen meint: der Entborgenheit des Seins folgen, welche Entborgenheit im Da-sein selber waltet in der Weise der ekstatischen Offenheit des Da – der Zeit-lichkeit des Daseins, welche Zeitlichkeit sich nicht mehr aus der geläufigen Zeitvorstellung bestimmen oder auch nur erreichen läßt (die grobe Mißdeutung der »Zeitlichkeit« als Vergänglichkeit und Veränderlichkeit).

Die Zeitlichkeit des Daseins aber ist als ekstatische – Gelichtete ihrerseits bestimmt durch das entworfene »Sein« – dessen lichtender, entbergend-verbergender Charakter jedoch noch nicht als der Zeit-Spiel-Raum, als die Wahrnis des Seins gesagt ist.

129 Denken – d. h. jetzt ent-sagen das Zu-Sagende *dem*, was Denken »heißt«, was das Be-Stimmende des Denkens ist, dergestalt das Denken – Denken ist aus aller Reflexion einer Subjektivität heraus – aber bereit, sich durch das Be-Stimmende verwandeln zu lassen – nämlich aus dem aussagenden Vor-stellen in das bauende (an der Sage des Ereignisses bauende) Ent-sagen.

---

[36] [Vgl. Heidegger: Sein und Zeit. GA 2. A.a.O., § 9.]

[STICHWORTVERZEICHNIS]

Ἀλήθεια 53, 81
Anfang 24, *87*, 105
Anwesen 110
Aussage – *14*, 57, *65*

Befugnis *14*, 20, *33*, *37*, *79*,
   (a) – 1, 88
Der Bereich *38*, 64
Bild 19 f., 25, 28 f.

Dank 37, 40 *51*, 60, *68*, 70,
   74
Denken – 47, *52*, 57 f., *58 ff.*,
   68, 71, 74, *79*, 80, 85, *117*
Dichten 56, 74, 79
Dimension 122
Ding 52, *60*

→ »eigentlich« 56
Eigentum 1, *7*, 47, *51 f.*, 62 f.
   65 u., 72, 81
Ein-spielnis *26 f.*, *33 f.*
Ent-gegnen 51
Ent-sagen 27, 33 f., 36, *38 f.*,
   46, 54, 58 f., *60 f.*, 65, 66, 80,
   100, *116*, 119, *120*, *129*
Ereignis, 64, *89*, 95
Erinnern 103
»*Erleuchtung*« 52
»Es« 28
Etymologie 4 f.
»Ewig« 106

Fragen 71, (88)
Fuge 95, *123*

Gebet 107
Gering-Fügige 85, 88
Ge-Stell *68 ff.*, 73, *107*
Ge-Viert und Vier *44*, 66, *73*
Griechentum *46*

Halde 23
Hölderlin *102*
Hören *46*

Komposition 102
Kunst 122

Lauten
                25
Leuchten
Lauschen 83

Metaphysik *122 f.*
»Mitte« 101
Mitteilung 71
Modalitäten *125*, 127

Nachwelt 121

»Probleme« 68, 70

Rechnen 68
Reflexion *126* ←
Reichen *65*, *67*
Reichtum *27*, 64
Reservation *75*
Rufen 88

Sage *59*, 88

Schmerz 95
Schritt zurück! 119, *124*
Schweigen 58 f., (S. *8*)
»sein-lassen« 61
»*sein*« < 62
Sein und Zeit 128
Seinsfrage 68, *113*, *117*
»Seinssinn« 67
Sigetik *8*
Sprache 3 f., 11, *12 ff.*, 19/20, 33, 54, 57, 64, *72*, 79, 80, *90*, 114, *125*
»*natürliche Sprache*« *36*

Tautologie 10
Tod 84, *112*
transcendens *112* – transzendentale Frage 119, *128*

Tun 33, 37 f.
-tuom 27

Vergessenheit *52/3*, *62 f.*, *75*, 103 f. 108
Verwindung 54, 56, 63, *122 f.*
Verzicht 55
Vor-bereiten 61

Weg *53 f.*, *57*, *98*, 102
Welt 42, *51*
»Werk« 57
Wörter 58
Wohnen *73*

Zeigen 84
Ziel 67
»Zurück« 45

[BEILAGEN]

S	Sprache
z. A	zum Anfang
d. W.	die Wenigen
D	Durchblick

---

g. P.	große Politik
St.	Stich-Worte
K	Kritik

Hegel – »Anfang«

Für Hegel besteht »der Anfang« der Philosophie darin, daß das (dialektisch-spekulative) Denken anfangslos – sein Gegenstand als das Kreisen des Absoluten ist.

—

Der Begriff »ist« das Absolute auch in dem Sinne, daß er sich nicht mehr fassen läßt (durch solches, was unter ihm ist: Gefühl und Vorstellung)
 [Und doch – »ist« nicht »der Begriff« – noch – auch als der absolute – botmäßig dem Sein?]

⌈Sigel⌉ *der vorplatonischen Philosophie*
↑↓

Die onto-theologische Differenz nur möglich auf Grund der unausgetragenen ontologischen *Differenz*.

Aus der Philosophie kommt der Gott in die Philosophie – nicht aus Gott

Das Gehör für die
  Ur-Kunde
  /   *des Denkens.*
 die Sage des Ereignisses

ein seltsamer Zustand:

Alles Öffentliche, Beiläufige, Zudringliche und Widerwärtige —
auch alles Geschichtliche fällt ab —
    nur das Eine zu Sagende bleibt noch in seiner Einfachheit — die sich in ihr Geringstes aufzulösen scheint —

Für
Karl Jaspers
zu seinem achtzigsten Geburtstag

Daß Sie dahin gelangen konnten und dort verweilen dürfen, wo Ihr Denken einen Aufenthalt für die Besinnung gestiftet hat, dem gilt heute Ihr denkender Dank.
    Er lebt aus der Stille und für sie.
    Er hütet das Unscheinbare
    Er baute jede Stunde an der fernen Nähe zum Anfänglichen.
    Er kennt das Denken als das wirkungslose Ausharren in einer einmal ergangenen Bestimmung.
    Der Dank im Denken möge an diesem Tag Ihre Freude sein.

Aus der Erinnerung an die zwanziger Jahre
    dieses rechnenden Jahrhunderts

M. H.[1]

---

[1] [Vgl. Martin Heidegger / Karl Jaspers: Briefwechsel. 1920–1963. Hrsg. von Walter Biemel und Hans Saner. Vittorio Klostermann: Frankfurt am Main und Piper: München und Zürich 1990, S. 216 f.]

Für
René Char

Zum Andenken an den großen Freund
Georges Braque

⟨Im Anblick einer Lithographie zu »Lettera amorosa«⟩

Die einzig sachgerechte Auslegung seiner Kunst schenkt uns der Künstler selbst durch die Vollendung seines Werkes in das geringe Einfache
    Sie geschieht durch die Verwandlung des Mannigfaltigen in die Einfalt des Selben, darin das Wahre erscheint
    Die Verwandlung des Mannigfaltigen in die Einfalt jenes Abwesenlassen, wodurch das Einfältige anwest
    Abwesen entbirgt Anwesen
    Tod erbringt Nähe.

Mit freundschaftlichen Grüßen
    Ihr   Martin Heidegger
    Freiburg im Breisgau, 16. September 1963.[2]

---

[2] [Vgl. Martin Heidegger: Aus der Erfahrung des Denkens. 1910–1976. GA 13. Hrsg. von Hermann Heidegger. Frankfurt am Main 2/2002, S. 183.]

Befugnis/Winke
Sein und Zeit   »*Entwerfen*«

als Zug des Ver-stehens –
Es dürfte wohl angebracht
sein, zu versuchen,
das hier genannte
Verstehen und Entwerfen,
zumal in seinem Bezug
zum »Sein« aus dem hier
erläuterten Wesen der
Wahrheit als Unverborgenheit
zu denken.   ⎡ Entbergen   ⎤
Ent-werfen als   ⎣ und Ent-sagen ⎦
Ent-bergen und dieses – *nicht*
als Leistung eines Subjekts.

Daß die
Loslösung aus
dem selbst in
der Phänomenologie
herrschenden
transzendentalen
Konstitutions-
prinzip schwierig
blieb und
nicht sogleich
ganz ins
Freie kam,
dürfte ein-
leuchten.

»Sein und Zeit« »der Revolutionär« und nachher?

erst die eigentliche Revolution
aber still —
        die Taubenfüße[3]

und daher bis heute unbemerkt.

Das Unvermögen des Selbergehens

---

[3] [Friedrich Nietzsche: Also sprach Zarathustra. Ein Buch für Alle und Keinen. Werke. Bd. VI. C. G. Naumann: Leipzig 1904, S. 217: »Gedanken, die mit Taubenfüßen kommen, lenken die Welt.«]

Zur Geschichte von
»Sein und Zeit«   *bis wohin der erste Versuch gelangte*
                            Zeit und Sein | »Zeit« ekstatische *Lichtung* –
                            Wahrheit des An-wesens –

was gedacht –   noch nicht: | Lichtung des Sichverbergens
                            (Wesen der Wahrheit)
was nicht gefunden –   »Anwesen«-*lassen* –
und noch nicht sagbar   *Brauch* – | Ereignis
keine bloße Frage   der Blitz des Ereignisses | nicht: Seinsge-schick
des Aus*drucks* –   nur »*Destruktion*«
sondern: noch nicht   *Reszendenz*
    zeigbar   *Kehre* – des Vorenthalts
                            ↙ \ der Verweigerung
                            in Ereignis

Was ist Metaphysik? | 1929[4]
Wesen des Grundes[5] |
Wesen der Wahrheit | *1930*[6] ||

   Sprache   1934[7]
Hölderlin[8]

zwischen 1929 und 1930 – Ratlosigkeit – Zuflucht zur Geschichte
des Denkens – | Plato – Höhlengleichnis[9]

---

[4] [Martin Heidegger: Was ist Metaphysik? In: Ders.: Wegmarken. GA 9. A.a.O., S. 103–122.]
[5] [Heidegger: Vom Wesen des Grundes. In: Ders.: Wegmarken. GA 9. A.a.O., S. 123–175.]
[6] [Martin Heidegger: Vom Wesen der Wahrheit. In: Ders.: Wegmarken. GA 9. A.a.O., S. 177–202.]
[7] [Heidegger: Logik als die Frage nach dem Wesen der Sprache. GA 38A. A.a.O.]
[8] [Martin Heidegger: Hölderlins Hymnen »Germanien« und »Der Rhein«. GA 39. Hrsg. von Susanne Ziegler. Frankfurt am Main 3/1999.]
[9] [Martin Heidegger: Vom Wesen der Wahrheit. Zu Platons Höhlengleichnis und Theätet. GA 34. Hrsg. von Hermann Mörchen. Frankfurt am Main 1988.]

Überstieg [?] 1926 geschrieben Manuskript 60 Seiten[10]
Wesen der Wahrheit | Licht!!
aber?
nachher vermißt – seitdem alles aufbewahrt.
Aristoteles Θ[11]
»Zeit« als *Entwurfbereich* des Anwesens
für sich? | *transcendens* | Gefahr des Platonismus
Werfend!

---

[10] [Nicht ermittelt. Möglicherweise verschollen.]
[11] [Martin Heidegger: Aristoteles, Metaphysik Θ 1–5. Von Wesen und Wirklichkeit der Kraft. GA 33. Hrsg. von Heinrich Hüni. Frankfurt am Main 3/2006.]

das Gehör für die *Ur-Kunde*
des Denkens — je an-
fangender
je gegen-wartender,
je stiller sagend[12]

---

[12] [Auf der Schreibmaschine getippt.]

Erscheinen der Horoskope als prognostisches Zeichen
(»Seidenschwanz«)[13]

Meßbare   \
            = Zeit
Schicksals /

[Astrologie als Abartung der Metaphysik]
– erreicht nicht das Ge-Viert –

---

das *Sinngebende*
               ↕ –

das Hinzutretende

---

[13] [Vgl. Ernst Jünger: An der Zeitmauer. Ernst Klett Verlag: Stuttgart 1959, S. 10: »Der Seidenschwanz sollte also Kriege und Seuchen ankündigen. [...] Wissenschaftliches und astrologisches Denken können in der Tat sehr ähnlich werden, wie auch ein Horoskop und eine Uhr sich ähnlich sind.«]

A
Daß im System der Hegelschen Metaphysik weder die Technik (weder moderne noch [?]) das Wesen dieser Technik bedacht wurde in einem entscheidenden Sinne in den Gedanken und daher die absolute Wirklichkeit des Geistes aufgenommen ist.

Umgekehrt – wonach [?] auch die bloße Umkehrung des Hegelschen Systems im Marxismus nicht aus das Wesen der Technik umgeht

Sein zu denken

B
Der Übergang von Kant aus dem innerlichen Unmittelbaren in das m.[enschliche?] Wesen – als Reflexion verhindert die Möglichkeit der Besinnung auf *das Gestell*.

Der [...][14] als Energie – und diese »gasig« [?]
in Wahrheit als – *Ge-Stell*
des Bestandes und der Instandsetzung
Erdherrschaft – [...][15]
ohne Geist – das Vakuum
Leibniz – vis primitiva activa
perceptio – appetitus

---

[14] [Zwei Worte unleserlich.]
[15] [Ein Wort unleserlich.]

Die *ursprüngliche* — synthetische Einheit der transzendentalen
Apperzeption
ist *in sich* — auf Gebbarkeit
| eines Mannigfaltigen,
d. h. in sich *Rezeptivität*

Cognitio illa interna
| quae (cognitionem) reflexam semper antecedit

VI. Respons.
Bd. VII, 422[16]

[Descartes]

---

[16] [René Descartes: Œuvres. Tome VII. Publiés par Charles Adam et Paul Tannery. Leopold Cerf Éditeur: Paris 1904.]

Wille zur *Macht*

Macht als *Kraft*
   /
   vgl. Hegel, Phänomenologie des Geistes
   Kraft und Verstand[17]
   (forcé)

---

[17] [Georg Wilhelm Friedrich Hegel: Phänomenologie des Geistes. Hrsg. von Georg Lasson. Felix Meiner: Leipzig 1927, S. 102–129.]

Heidegger

»Auf Höhen siedelten einst die ...
»Egger, Abegger, Sonderegger«
P. Zinsli, Grund und Grat[18]
S. 256

[18] [Paul Zinsli: Grund und Grat. Der Formaufbau der Bergwelt in den Sprachbegriffen der schweizerdeutschen Alpenmundarten. Francke, Bern [1945].]

Physik
   ?
»Letzte Realitäten« —: elektromagnetische Wellen
— Logik
⟨
   Mathematik

Wer liest schon – unablässig fragend und die gewiesene Erfahrung prüfend – den Vortrag »Der Satz der Identität« *1955*.

Man befürchtet, wenn man den gewiesenen Sachverhalten entspreche, daß das als Zustimmung zu Heideggers Philosophie gelte – und dies wäre doch grausig nach dem, was über sie verbreitet wird.

Grabspruch

Tod:
Ge-Birg des Er-eignens
in die Sage
des Geläuts der Stille

Tod: [Du bleibst]
Ge-Birg des Seins:
[des Schleierns der Befugnis]
in die Sage des Geläuts der Stille

*

zeigen – (ver)schleiern – | Ent-sagen: Ent-zeigen
                                           | ⇆
                                          entschleidernd
                                          verschleiernd
zeigen: an-deuten
          |
     an-wesen

* Ge-Birg
»Sein«: Anwesenlassen – Vergessen als Verbergen
                                                       | Ge-Stell – Ereignis
                        aber als Verschleiern
Ereignis und Ereignis   ↗
der Fuge des Ratsals: Befugnis und Brauch
Sage und Stille   ↗
Ent-eignis | ↗
bleiben – Ge-Birg
Tod und Sein

»Bilder sind: das Auftauchen an einem anderen Ort.«
Franz Marc, Briefe, Aufzeichnungen
und Aphorismen,[19] 1920, I, 130

(das Teichhuhn)

[19] [Franz Marc: Briefe, Aufzeichnungen und Aphorismen. 2 Bde. Paul Cassirer Verlag: Berlin 1920: »Ich sah das Bild, das in den Augen des Teichhuhns sich bricht, wenn es untertaucht: Die tausend Ringe, die jedes kleine Leben einfassen, das Blau der flüsternden Himmel, das der See trinkt, das verzückte Auftauchen an einem anderen Ort – erkennt, meine Freunde, was Bilder sind: das Auftauchen an einem anderen Ort.«]

Karl *Valentin*
    über den *Spiegel*

»a Spiegel taugt schon rein gar nix. <u>Der</u> zeigt mir bloß, was <u>i</u> *ihm* zeig! un erst no verkehrt rum. *Dahinter* müßt ma schaugn könne, dahinter!«[20]

---

[20] [Vgl. Gusti Brunauer-Bruz: Passiert is was. Valentiniaden. Heimeran: München 1979, S. 79.]

∪ − ∪ − ∪ − ∪ − ∪ − ∪
»Ein weißer Glanz ruht über Land und Meer,
Und duftend schwebt der Äther ohne Wolken,
Und nur die höchsten Nymphen des Gebirgs
Erfreuen sich des leicht gefallenen Schnees
auf kurze Zeit ....«[21]
   Goethe, Nausikaa

---

[21] [Johann Wolfgang von Goethe: Nausikaa. Ein Trauerspiel. In: Ders.: Nachgelassene Werke. Bd. XVII. J. G. Cotta'scher Verlag: Stuttgart und Tübingen 1842, S. 303.]

                        Désinvoltare
involvere
a verstricken — verstrickte
    ↕
b hemmen — verhalten
                verwahren — in
                Sorgfalt und
                Achtung
entsprechend zweideutig
                a frei — gelöst
Désinvolture:
                b unsorgfältig

Bayerischer Rundfunk
Das Dilemma der Philosophie[22]
Sonderprogramm Sommer 1963

Das allgemeine Interesse an philosophischen Fragen und an einer philosophischen Weltdeutung hat in den letzten Jahren auffallend nachgelassen. Vor allem jene Generation, die nach dem Krieg die existenz-philosophische Hausse miterlebte, vermag heute in der Philosophie kein geeignetes Mittel zur Daseinsbewältigung mehr zu sehen. Hinzu kommen die sich überstürzenden Fortschritte der Wissenschaften, durch die viele philosophische Fragen überholt oder schon im Ansatz als falsch erwiesen werden.

Es ist jedoch nicht zuletzt die innere Entwicklung der Philosophie selbst, die sie aufzuheben droht. Von den verschiedenen Positionen aus findet sich das philosophische Denken an eine Grenze gebracht, die nicht zu überspringen ist. Dies hat vielfach zu einer dialektischen Bewegung geführt, in der Philosophie gleichsam gegen sich selbst angewendet wird. Im Zuge dieses Vorgangs wurde vor allem die Meta- | physik, das Kernstück aller Philosophie, so stark in Mitleidenschaft gezogen, daß es so aussieht, als ob Metaphysik im herkömmlichen Sinn nicht mehr haltbar sei.

Es erhebt sich die Frage, ob in Zukunft die Gesamtheit der Einzelwissenschaften jene letzten Fragen beantwortet, die bisher von den Philosophen vergeblich behandelt wurden, oder ob wir uns damit bescheiden müssen, auf solche Fragen keine Antworten zu finden. Wir würden dann einem Zeitalter ohne Philosophie entgegengehen und vielleicht einen Prozeß durchmachen, der demjenigen entspricht, den einst das mythische Bewußtsein durchmachte, als es in seine rationale Phase eintrat.

---

[22] [Es handelt sich um eine gedruckte Vorankündigung, die Heidegger an der Überschrift gekennzeichnet und dann verwahrt hat.]

In sechs Sendungen wird Willy Hochkeppel die äußere und innere Situation der modernen Philosophie darstellen und anzudeuten versuchen, was man in Zukunft von der Philosophie erwarten kann.

*Das Wohnen
der Sterblichen*

anfänglicher, *ereignet*, gebraucht
aufenthaltllich

weiter und grundiger [?]
als Handeln und Sorge
oder [?] gar Theorie und Praxis

»Aber der Angeklagte winkte ab. Man müsse da sein, sagte er, wenn man angerufen werde, doch selbst anzurufen, das sei das Verkehrteste, was man tun könne.«
Nossack, Unmögliche Beweisaufnahme, S. 29.[23]

[23] [Hans Erich Nossack: Unmögliche Beweisaufnahme. Suhrkamp Verlag: Frankfurt am Main 1959.]

Goethe

»Wenn man der Welt einmal etwas zuliebe getan hat, so weiß sie dafür zu sorgen, daß man kein zweites Mal dazu kommt.«[24]

[24] [Johann Peter Eckermann: Gespräche mit Goethe in den letzten Jahren seine Lebens. Artemis Verlag: Zürich 1948, S. 83.]

NACHWORT DES HERAUSGEBERS

Der Band 101 der Gesamtausgabe enthält die von Heidegger selbst so genannten »Schwarzen Hefte« mit den Titeln »Winke I« und »Winke II«. Heidegger hatte das Heft »Notturno I« (GA 100) im Herbst 1957 beendet, um unmittelbar mit den »Winken I« zu beginnen, die im »Spätsommer 1958« abgeschlossen werden. Die »Winke II« enden im Sommer 1959, das Datum »12. Juli 1959« erinnert an den Tod der geliebten Dory Vietta. Das erste Datum aus dem nächsten Heft »Vorläufiges I« gibt den »Sommer 1963« an.

Am Beginn der »Anmerkungen IV« zitiert Heidegger Leibniz: »Qui me non nisi editis novit, non me novit.«[1] (»Wer mich nur aus meinen Veröffentlichungen kennt, der kennt mich nicht.«) Der Satz erläutert die Bedeutung der »Schwarzen Hefte« insgesamt. Sie stellen ein über Jahrzehnte hinweg jenseits der Öffentlichkeit entstandenes einzigartiges Manuskript dar.

Nach Mitteilung des vormaligen, im Januar dieses Jahres verstorbenen Nachlaßverwalters Hermann Heidegger und Heideggers Privatassistenten (von 1972 bis 1976) Friedrich-Wilhelm von Herrmann wurden die »Schwarzen Hefte« ungefähr Mitte der siebziger Jahre ins Deutsche Literaturarchiv nach Marbach gebracht. Heidegger habe dabei geäußert, daß sie am Schluß der Gesamtausgabe veröffentlicht werden sollten. Bis dahin sollten sie »gleichsam doppelt sekretiert« (von Herrmann) werden. Der Nachlaßverwalter Hermann Heidegger hatte sich nach reiflicher Überlegung gegen diese Anweisung entschieden, weil Verzögerungen der Herausgabe der noch nicht veröffentlichten Bände das Gesamtunternehmen, Martin Heideggers Denken in einem überschaubaren Zeitraum erscheinen zu lassen, nicht in Mitleidenschaft ziehen sollten.

---

[1] Martin Heidegger: Anmerkungen IV, Titelblatt. In: Ders.: Anmerkungen I–V. GA 97. Hrsg. von Peter Trawny. Frankfurt am Main 2015, S. 325.

Die Entstehung der »Schwarzen Hefte« umfaßt einen Zeitraum von mehr als vierzig Jahren. Im ersten vorliegenden Heft »Winke x Überlegungen (II) und Anweisungen« erscheint auf der ersten Seite das Datum »Oktober 1931«. In »Vorläufiges III« findet sich eine Bezugnahme auf »Le Thor 1969«, d. h. daß das Heft »Vorläufiges IV« Anfang der siebziger Jahre entstanden sein muß. Es fehlt ein Heft, nämlich die »Winke x Überlegungen (I)«, die um 1930 entstanden sein müssen. Sein Verbleib ist ungeklärt.

*

Der Titel »Winke« knüpft an ein ganzes Feld von Bedeutungen an, das sich Heidegger vielleicht anfänglich von Hölderlins Versen aus der Ode »Rousseau« »Dem Sehnenden war / Der Wink genug, und Winke sind / Von Alters her die Sprache der Götter.«[2] eröffnet hatte. Heidegger zitiert die Verse in seiner ersten Hölderlin-Vorlesung vom Winter 1934/35, dann 1936 im kurzen Aufsatz »Hölderlin und das das Wesen der Dichtung«. Von da aus scheint eine Bedeutung in die Rede vom »Wink *des letzten Gottes*«[3] in den »Beiträgen zur Philosophie« ausgestrahlt zu haben. 1941 hatte Heidegger kurze, gedichtartige Überlegungen unter dem Titel »Winke« als Privatdruck veröffentlicht.[4]

In den »Winken« von 1957/59 wird die Bedeutung des »Winks« und des »Winkens« mit der Bestimmung des »Denkens« enggeführt. Das »Denken sei das »entsagende Erwinken des Erwa-

---

[2] Vgl. Martin Heidegger: Hölderlins Hymnen »Germanien« und »Der Rhein«. GA 39. Hrsg. von Susanne Ziegler. Frankfurt am Main 3/1999, S. 32 und den Sonderdruck des in »Das Innere Reich« erschienenen Aufsatzes Hölderlin und das Wesen der Dichtung. Verlag Albert Langen – Georg Müller. München 1936, S. 14. Vgl. auch Friedrich Hölderlin: Sämtliche Werke. Bd. 4. Gedichte. Hrsg. von Norbert von Hellingrath. Propyläen Verlag: Berlin 2/1923, S. 135.

[3] Martin Heidegger: Beiträge zur Philosophie (Vom Ereignis). GA 65. Hrsg. von Friedrich-Wilhelm von Herrmann. Frankfurt am Main 3/2003, S. 82.

[4] Martin Heidegger: Winke. In: Ders.: Aus der Erfahrung des Denkens. GA 13. Hrsg. von Hermann Heidegger. Frankfurt am Main 2/2002, S. 23–24. Vgl. auch Martin Heidegger: Gedachtes. GA 81. Hrsg. von Paola-Ludovika Coriando. Frankfurt am Main 2007, S. 127–224.

chens des Ereignisses« (Winke I, 17). Seine »höchste Anstrengung« beruhe darin, die »Verwandlung als die stillste Stille des Ereignisses in ihren Winken zu hören« (Winke II, 59). Es ist nicht weit hergeholt, Heideggers Verwendung dieses Wortes mit der alltäglichen Redewendung, »von jemandem einen Wink bekommen«, zu verbinden. Der »Wink« ist demnach ein Zeichen, das, ohne ausgesprochen zu werden, den Blick auf einen bestimmten Sachverhalt lenkt.

*

Es handelt sich bei den »Winken I« und den »Winken II«, die in Band 101 der Gesamtausgabe erscheinen, um zwei von vierunddreißig bzw. sechsunddreißig schwarzen Wachstuchheften in einem außergewöhnlichen Format, das dem DIN-Format D5 nahekommt. Die originalen Hefte befinden sich in Heideggers Nachlaß im Deutschen Literaturarchiv in Marbach am Neckar. Ein Markenschild in den »Winken I« zeigt, daß Heidegger das Heft von dem Unternehmen »Landolt-Arbenz« in Zürich bezog. Dem Herausgeber lagen in blauem Leinen gebundene Kopien vor, auf deren Rücken die Titel angegeben sind.

Der Band 101 setzt sich aus folgenden Texten zusammen:

Winke I, 143 Seiten;
Winke II, 129 Seiten.

Hinzu treten jeweils aufwendig ausgearbeitete Stichwortverzeichnisse, mit denen Heidegger die »Schwarzen Hefte« (ausgenommen die »Überlegungen XV«) versehen hat. Zudem befinden sich in den »Winken II« »Beilagen« (das Wort erscheint im Heft in einer unbekannten Handschrift), 33 Zettel, von denen zwei von mir ausgesondert wurden, weil Heidegger auf beiden flüchtig Adressen notierte. Darüber hinaus befinden sich sechs mit Bleistift niedergeschriebene Notizen »Sizilien« von einer Reise, die Heidegger 1963 unternommen hatte. Auch diese Aufzeichnungen habe ich nicht übernommen, weil sie – kaum, jedenfalls sehr schwer zu entziffern – schlechthin keinen Bezug zu den Aufzeichnungen im Heft enthalten.

Die Handschriften der Hefte sind durchgearbeitet. Sie weisen selten Verschreibungen auf. Heidegger schreibt nicht nur mit schwarzer Tinte, sondern verwendet bei der Einfügung von Graphiken oder in der Kennzeichnung von bestimmten Seitenzahlen in den Stichwortverzeichnissen Buntstifte. Es handelt sich bei den »Schwarzen Heften« keineswegs um Notizbücher. Vorarbeiten sind nicht vorhanden.

Eine maschinenschriftliche Abschrift von »Winke I« stammt von Jutta Heidegger, eine weitere der »Winke II« von Detlev Heidegger, einem Bruder des jetzigen Nachlassverwalters Arnulf Heidegger.

Ich kopierte alle Texte samt der Stichwortverzeichnisse aus den Handschriften selbst. Sodann wurden die Abschriften von mir kollationiert. Die Satzvorlage wurde von Herrn Rechtsanwalt Arnulf Heidegger gründlich korrigiert. Schließlich wurden Fahnen und Umbruch sowohl von mir als auch von Alexander Losse korrekturgelesen.

Die Seitenzahlen der Manuskripte der »Schwarzen Hefte« werden am Seitenrand wiedergegeben. Der senkrechte Strich im entsprechenden Satz gibt das Seitenende an. Fragezeichen in eckigen Klammern [?] melden unsichere Lesarten, [...] geben Unleserliches an. Sonst stammen alle weiteren eckigen Klammern im Text von Heidegger selbst. Sämtliche Verweisungszahlen im Heideggerschen Text sind Seitenzahlen. Außerdem habe ich graphische Elemente in den Manuskripten in den Band übertragen.

Zuweilen habe ich Abkürzungsauflösungen wie »R.[atsal]« ebenso in eckige Klammern gesetzt. In diesem Band erscheinen einige Abkürzungen (»P«, »St«, »L. u. D.«), die ich nicht eindeutig aufzulösen vermag; ich habe sie daher nicht ergänzt. Die Abkürzung »V–H« bedeutet »Ver-Hältnis«. An einer Stelle taucht ein »△« auf, das auf den Namen Dory Viettas verweisen könnte.

Seitenzahlen und graphische Elemente, die sich Heidegger jeweils auf der ersten Seite der Manuskripte notierte, werden – wie schon in den vorherigen Bänden der »Schwarzen Hefte« – unkommentiert übernommen.

Ebenso werden wie in den anderen Bänden der »Schwarzen Hefte« bestimmte Äußerungen Heideggers mit Erläuterungen versehen. Das trifft auf solche zu, die sich auf eigene Veröffentlichungen beziehen wie auf die von anderen Philosophen, Dichtern oder Schülern sowie auf historische Ereignisse. Sie tauchen allerdings viel seltener auf als in den früheren Heften. Zu griechischen Zitaten gebe ich Übersetzungen. Daß die Anmerkungen keine Vollständigkeit beanspruchen, versteht sich bei einer Ausgabe »letzter Hand« von selbst.

*

Ich bedanke mich bei den Nachlaßverwaltern Herrn Dr. Hermann Heidegger (†) und ihm folgend Herrn Rechtsanwalt Arnulf Heidegger für das Vertrauen, das in der mir übertragenen Aufgabe liegt, die »Schwarzen Hefte« herauszugeben. Frau Anastasia Urban vom Verlag Vittorio Klostermann danke ich für die stets gute und freundliche Zusammenarbeit. Den Herren Arnulf Heidegger und Alexander Losse danke ich für die aufmerksame Korrekturarbeit.

Düsseldorf, den 23. Juli 2020　　　　　　　　　　Peter Trawny